Hans H. Krüger
Liebeserklärung an Japan

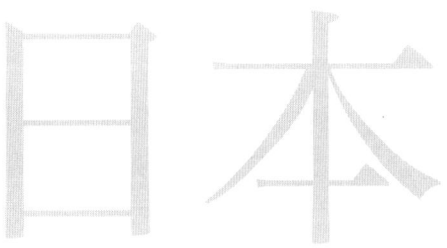

Nihon *(Japan)*

Hans H. Krüger

Liebeserklärung an

JAPAN.

Götter, Geishas und Gangster -
Erlebnisse in einer fremden Welt

Stürtz

© 2014 Verlagshaus Würzburg GmbH & Co. KG
© Texte: Hans H. Krüger
© Fotos: Ben Simmons (Cover vorn und hinten)
        Luciano Lepre (Klappe vorn)
        Hans H. Krüger (Klappe hinten)

Buchgestaltung:
SILBERWALD® – Agentur für visuelle Kommunikation, Würzburg
www.silberwald.eu

Covergestaltung:
Andreas Wiedemann

Karte:
Kartographiestudio Jochen Fischer, Aichach
www.kartographiestudio.de

Printed in Germany

Druck / Verarbeitung:
AZ Druck und Datentechnik, Kempten
www.az-druck.de

ISBN 978-3-8003-4750-6

UNSER GESAMTES PROGRAMM:
www.verlagshaus.com

INHALT

mokuji (Inhalt)

Annäherung - **Liebe auf den dritten Blick** 7

Leben in Tokio - **Mein Name sei Blühender Segenswunsch** 11

Statistik - **Deutsch-japanische Zahlenspiele** 25

Landleben - **Flucht nach Vogelfeld** 26

Traumgärten - **Die Welt auf kleinstem Raum** 37

Der Nagelmeister - **Im Schattenreich japanischer Zocker** 40

Umfrage - **Von backenden Männern und Luxus-Toiletten** 50

Nostalgie-Bücher - **Seiten für die Seele** 51

Stadtporträt - **Der letzte Stopp vor dem Mond** 60

Begegnungen 1 - **Von Bärenjägern und Bettelmönchen** 72

Sprichwörter - **Weises von den Weisen** 84

Vorurteile - **Die Geisha als erotisches Weltkulturerbe** 85

Vornamen - **Der Name der Rose** 91

Dorfgeschichten - **Vom Leben unter dem Schnee** 92

Massenziele - **Zu Gast unter Millionen** 107

Benimmregeln - **Die zehn Gebote** 114

Begegnungen 2 - **Von Waldläufern und Malerfürsten** 115

Sprache – **Alles watashi oder was?** 129

Aberglaube – **Vom Pfeifen im Walde** 132

Ruhestätte – **Nur die Erinnerung stirbt nicht** 133

Paternalismus – **Nie endet der Kindergarten** 139

Sterne und Kneipen – **Willkommen im Izakaya** 143

Wörterbuch – **Sprechen Sie Deutsch, lernen Sie Japanisch** 148

Frühlingserwachen – **Die Kraft der Kirsche** 149

Schandflecke – **Ganz schön hässlich** 153

Pilgerreise – **Hinter den acht Bergen** 156

Einzigartiges – **Grüner Tee zum Schlecken** 167

Superlative und Meer - **Die schönsten Plätze der Poesie** 168

Besuch beim Sohn Gottes – **Jesus, Maria und Josef** 173

Thekenplätze – **Die Wahrheit ist hochprozentig** 179

Spezialitäten – **Lobgesang auf das japanische Butterbrot** 190

Amakusa-Inseln – **Christliche Spurensuche** 192

Hokkaido – **Unter Wilden und Bären** 203

Verwirrspiel in fünf Aufzügen – **Die Reise nach Jerusalem** 210

Kampfsport – **Kyudo, Sumo und der Weg der Krieger** 212

Abschied – **Jenseits der Berührungsängste** 219

LIEBE AUF DEN DRITTEN BLICK

Schon eigenartig, wie man sein Lieblingsland findet, obwohl man es nie gesucht hat.

gaijin *(Ausländer; Person außerhalb des Familien- und Freundeskreises)*

Es gibt kluge Menschen, die behaupten, Japan würde gar nicht existieren. Tatsächlich sei es ein Ort der Imagination, ein Platz der Fantasie, ein Märchenland. Nur wer die Augen schließe, könne es erblicken.

Es gibt Reisende, die sich seit Jahrzehnten in Japan befinden und immer noch nicht angekommen sind. Sie schauen kindische Fernsehshows und glauben, diese seien eine prägende gesellschaftliche Reflexion. Sie fahren durch einen Betondschungel und bewegen sich durch einen Vorhang aus Lärm und meinen, es sei das beherrschende Abbild des Ganzen. Sie hören Nachrichten und sind überzeugt, sie spiegelten die Realität wider. Alles richtig, alles falsch. Schon vor über 800 Jahren wusste der große japanische Mönch Saigyo Hoshi: „Auch die Wirklichkeit ist eigentlich nicht wirklich. Wer dieses je gedacht, wie könnte er noch meinen, dass Träume bloß Träume sind."

Was aber ist Japan? Es ist, wie der französische Kulturkritiker Roland Barthes einst bemerkt hat, das Reich der Zeichen, das Land der leeren Gesten, der Symbole und des Details. Japan besteht aus mehreren Parallelwelten, die scheinbar nichts miteinander zu tun haben und doch eine Einheit bilden. Selbst Bildern darf man nicht trauen. Was man sieht, ist nicht unbedingt das, was es ist. Der Fuji-san ist ein Berg, aber in der buddhistischen Vorstellung auch Tor in eine andere Welt. Bäume sind Bäume, aber im Shintoismus natürlich Göttersitze. Der moosbewachsene Stein in einem Landschaftsgarten ist ein moosbewachsener Stein in einem Garten, in der Zen-Philosophie aber eine einsame Insel im sturmgepeitschten Meer oder ein Berggipfel, der aus den Wolken ragt. Mönche lauschen dem Wachsen von Felsen, Büroarbeiter sterben an karoshi, dem Tod durch Überarbeitung, und Politiker zeigen ein erstarrtes Lächeln, das in Japan Aufrichtigkeit symbolisiert und die Lüge darstellt.

Die Menschen werden umso verwirrender, desto näher man sie kennenlernt. Man bewegt sich unter ihnen und weiß nicht, ob man hier ist oder dort. Sie selbst scheinen nie zu vergessen, woher sie kommen. Mühelos leben sie auf mehreren geistigen und seelischen Ebenen. Die Lehre des Shinto hat sie gelehrt, dass die menschliche Natur rein und gut ist und die Menschen, sprich: Japaner, Nachfahren himmlischer Götter sind. Die Mahaya-Lehre hat ihnen die Hoffnung vermittelt, dass in jedem Lebewesen ein Buddha-Keim schlummert. Von Konfuzius wissen sie um die höchste Bedeutung von Anstand und kosmischer Vernunft. Trotz alledem geben sie sich mit tiefer Inbrunst dem Materialismus hin. Shopping gilt als beliebteste Freizeitbeschäftigung. Der Besitz von Dingen scheint sie mit größter Genugtuung zu erfüllen.

Was das Land besonders unterscheidet, ist die erstaunliche Erfahrung der Fremdheit, ohne die Belastung der Ablehnung. Im Gegensatz zu westlichen Staaten, ist das Inselreich ein fast homogenes Land geblieben. Gerade mal zwei Prozent der Einwohner sind Ausländer, der Großteil davon Koreaner, Chinesen oder Filipinos, die zumindest von ihrem Aussehen her im Stadtbild kaum auffallen. Selbst in einer internationalen Metropole wie Tokio nehmen sich Europäer nickend zur Kenntnis. Fern der Ballungszentren sind westliche Besucher so selten wie ein Schneemann im Sommer. In diesem Reich der Anderen, in dem die eigene Kultur noch immer die natürliche Mitte der Welt repräsentiert, stellt jeder eine klar definierte Rolle dar: Japaner spielen sich selbst; der Part eines Ausländer ist es, Ausländer zu sein.

Was man noch lernt: Japan ist ein exotisches Urlaubsziel, das einfach zu erreisen ist, aber schwer zu erreichen. Es ist wie geschaffen, um darin verloren zu gehen. Der kluge Neuankömmling unterzieht sich den Initiationsriten einer anderen Kultur: Die Fremde wird nicht erobert, sondern absorbiert. Einsichtig lernt man das japanische Regelwerk für einen problemlosen Aufenthalt: Höflichkeit ist die wichtigste Tugend; wer aus der Haut fährt, verliert sein Gesicht. Die Verbeugung ist Ausdruck des Respekts, je tiefer, desto besser. Geliebt wird nicht die scharfe Zunge des Kritikers, sondern der süße Ton des Schmeichlers. Die wichtigsten japanischen Wörter lauten domo und suimasen, danke und Entschuldigung, selbst wenn es nichts zu bedanken oder zu entschuldigen gibt. Japaner setzen voraus, dass sie niemand versteht. Wer es trotzdem tut, wird mit Missfallen betrachtet. Wie wir glauben Japaner an ihre Einzigartigkeit, lassen sich aber vom Gegenteil überzeugen.

Wer lange genug bleibt, macht die drei Phasen der Eingewöhnung durch. Zuerst Staunen vor dem ästhetischen Wunderland, dem wirtschaftlichen Riesen, das Loblied auf Höflichkeit und Gastfreundschaft; alles erscheint in einem rosigen Licht. Dann folgt die Phase der Kritik, sogar Ablehnung. Nabelschau und Xenophobie, die einen unausrottbaren Teil der nationalen Psyche auszumachen scheinen, gehen auf die Nerven. Und dann diese Menschenmassen! Millionen, die auf engstem Raum leben, kaum Freiraum haben, kaum Freiheit zulassen. Zuletzt kommt die Einsicht, dass sie keine schwarzköpfigen Europäer sind, keine Amerikaner mit anderem Augenschnitt, nicht unser eigenes Gesicht in einem anderen Spiegel: Sie sind Japaner.

Wer das Glück hat, unter ihnen leben zu dürfen, erlebt eine Metamorphose der besonderen Art: Irgendwann wird der Besucher weniger deutsch und mehr japanisch; man wird viel höflicher, als man es daheim jemals war. Essgewohnheiten ändern sich zum Besseren. Absolutheitsansprüche verbrennen auf dem Scheiterhaufen japanischer Unentschlossenheit. Das Ungewisse und Zögerliche ersetzt den kategorischen Imperativ. Fragen werden in der Verneinungsform gestellt. Zwar bleiben Augenschnitt und Haarfarbe immer falsch, aber die Adaptierung einer unterschiedlichen kulturellen Umwelt erleichtert das tägliche Leben ungemein.

Hat man begriffen, dass es mehr als eine Denkweise gibt, Wahrheit eine Frage der Perspektive ist, erscheinen sie weniger exotisch und geheimnisvoll. Alles in allem ist auch ihr Leben vorbestimmt: Sie kommen zur Welt. Sie fahren ins Büro. Sie klatschen über die Nachbarn und schlürfen Nudelsuppe. Sie gehen den letzten Weg.

MEIN NAME SEI BLÜHENDER SEGENSWUNSCH

Tokio zu besuchen, ist nicht einfach. In Tokio zu leben, eine Herausforderung. Erfahrungen und Erlebnisse aus der Fremde.

kuruu ga *(verrückte Motte)*

Die Stadt ist wie ein Fenster in fremde Wohnungen. Sie gleicht einem doppelseitigen Spiegel, der das innere Leben reflektiert und die Welt da draußen. Sie bildet den perfekten Raum der Nicht-existenz. Die Menschen kommen, verschwinden und hinterlassen keine Spuren. In Tokio verlieren sich chinesische Bauarbeiter, australische Englischlehrer und philippinische Barmädchen. Spurlos untergetaucht bleiben iranische Telefonkartenbetrüger, israelische Straßenhändler und amerikanische Börsenmakler. Selbst Einheimische werden verschluckt. In meiner Nachbarschaft im Stadtteil *Sangen-Jaya* wurde vor Jahren ein Mitglied der ter-roristischen japanischen Rote Armee Fraktion verhaftet. Über zehn Jahre lang hatte er sich in der Anonymität des Häuserbreis verborgen gehalten. Niemand kannte ihn, keiner schien ihn bemerkt zu haben, kaum jemand konnte sich an ihn erinnern.

Ein Trotzki der Neuzeit, der überraschend aus dem dunklen Raum der Vergessenheit auftauchte.

Sangen-Jaya bedeutet „Drei Teehäuser". Es steht in keinem Reiseführer und wird in keinem Nachschlagewerk erwähnt. Es ist eine U-Bahn-Station an der Shin-Tamagawa-Linie, ein weiteres Puzzlestück in der Wegwerfarchitektur Tokios: gemischtes Wohn- und Geschäftsviertel, Einfamilienhäuser und vier- oder fünf-stöckige Mietskasernen, die im japanischen *appartomento* heißen und Fantasienamen tragen wie „Hollywood Hights" oder „London Tower". All das wird brutal zerschnitten von der sechsspurigen Tamagawa Avenue, über die eine Hochstraße auf zwei Etagen verläuft. Nachts dröhnen Halbstarke auf Motorrädern ohne Aus-puff durch die Häuserschluchten.

Meine temporäre Unterkunft ist ein möbliertes Ein-Zimmer-Apartment in einem vierstöckigen Wohnblock. Knapp 15 Qua-dratmeter im dritten Stock, statt eines Aufzugs windet sich eine Außentreppe in die Höhe. Winzige Nasszelle mit Toilette, Wasch-becken, Dusche; Küchenzeile mit zweiflammigem Gaskocher, Mini-Kühlschrank, Hängeschrank und Spüle. Die Hälfte des Zim-mers ist mit *tatami* ausgelegt, Reisstrohmatten. Mein *futon,* die traditionelle japanische Unter- und Oberdecke, verstaue ich mor-gens im Wandschrank. Ansonsten besteht die Möblierung aus einem niedrigen Tisch mit Klappfüßen, zwei Stühlen mit Arm-lehnen aber ohne Füße. Auf einer Kommode stehen ein Winzig-Fernseher und eine CD-Anlage.

Für ein Land, dessen Technik und Innovationsfähigkeit Weltruf genießt, ist die Ausstattung unbefriedigend: dünne Wände, schlechte Isolierung, klirrende Glasschiebefenster, knarzender Fußboden, keine Heizung, nur Heißwasserboiler und ein kleiner Ölofen, der im Winter vergeblich gegen die durchdringende

Nachtkälte anwärmt. Das Heizöl zum Nachfüllen steht in einem Plastikkanister auf dem Balkon. Bei Erdstößen schwankt das Gebäude wie ein Boot in der Brandung; Ölofen, Heißwasserboiler und Gaskocher schalten sich zum Schutz gegen Brände automatisch ab. Für Tokioter Verhältnisse ist das Zimmer ein Glücksgriff für umgerechnet 900 Euro Monatsmiete; meine Übernachtungserlaubnis gilt bis zur Rückkehr der japanische Besitzerin von ihrer Australienreise.

Hinter den Schiebefenstern breitet sich ein urbanes Neuland aus, das ich sonst noch nirgendwo erlebt habe. Die meisten Straßen sind so eng, dass sie nur als Einbahnstraßen benutzt werden können. Neuwageninteressierte dürfen erst dann ein Auto kaufen, wenn sie einen Parkplatz nachweisen können. Jahreszeiten sind am Plastikschmuck der Einkaufsstraßen ablesbar: grüne Sträucher im Frühjahr, falsche Herbstblätter ab Oktober. Sterne sieht man kaum. Der Himmel ist ein Abbild der Stadt, in dem sich Neonreklamen widerspiegeln. Wer nach oben schaut, erblickt nicht die Unendlichkeit des Universums, sondern sich selbst.

Trotzdem habe ich das Gefühl, in einem Dorf zu wohnen, das zufälligerweise Anhängsel einer Großstadt ist. Das japanische Sprichwort sagt: Auch in der Stadt findest du das Land. Meine Nachbarschaft ist ein Mikrokosmos der japanischen Scholle. Morgens weckt mich das Krächzen der Krähen. Mütter bringen ihre Kleinen zum Kindergarten, Grundschüler wandern Hand in Hand zur Schule. In der minimalistischen Grünanlage treffen sich Hausfrauen, die ihre Hunde Gassi führen. Zur Beseitigung des Kots haben alle Plastiktüten dabei. Später schiebt der Tofu-Mann seinen Handkarren durch die Gassen. Sein Kommen kündigt er durch das Aneinanderschlagen von Holzklötzen an.

Zu jeder Stunde knattert ein steter Strom an Pritschenwagen durch das Viertel. Es handelt sich um Verkäufer von Wäschestangen, Aufkäufer von Metall, Vertreter von Markisen und Jalousien. Sogar ein öffentliches Badehaus existiert noch. Dort treffen sich abends Pensionäre und ergehen sich in Reminiszenzen. Es gibt einen Holzhandel, ein Lager für Tatamiböden, mehrere chemische Reinigungen, eine Kfz-Werkstatt, Kolonialwarenläden und Restaurants; Fisch- und Gemüsehändler wohnen um die Ecke. Fünf Minuten Fußweg zu einem Supermarkt, der 24 Stunden geöffnet hat. An einer Kreuzung erhebt sich ein kleiner Straßenschrein, vor dem täglich als Opfergaben frische Blumen stehen und ein Glas Sake.

Als Neuankömmling akzeptiere ich einsichtig die Regeln einer anderen Kultur: Zwar wird das Fremde als anders erkannt, jedoch nach Möglichkeit unvoreingenommen akzeptiert. Rechthaberei und Besserwisserei lösen keine Alltagsprobleme. Entscheidend sind der stille Fluss des Miteinanders und die freundliche Begrüßung der Nachbarn. Gefühlsausbrüche sind verpönt. Fatalismus gilt als Volksstärke. Zwecklos, die Götter anzurufen. Sie sind launisch und unberechenbar. Wir alle sind nur ein Spielball des Himmels.

Nach wenigen Wochen besitze ich meine sozialen Fixpunkte: Stammkneipe, Supermarkt, Café. Ich kenne den Inhaber der Drogerie, der mal einige Zeit in Madagaskar gelebt hat und sich bis heute nicht von diesem Kulturschock erholt hat. Ich grüße den schwatzhaften Kenianer, der in der Boutique nahe der U-Bahn-Station arbeitet. Ich weiß, dass das beste Weißbrot in einer Bäckerei namens *„Mutter Lisa"* verkauft wird. Ich lerne, dass Tokio kein Paradies ist, aber ein geordnetes Chaos: die Müllabfuhr funktioniert, Wasser fließt, Strom kommt aus der Steckdose – und die nächste U-Bahn in spätestens drei Minuten. Wer lange genug in der Metropole lebt, verinnerlicht den Rhythmus aus Beschleunigung, Stillstand und Vitalität.

Verrückte Motte trifft Blühenden Segenswunsch

Um in Japan ein Bankkonto zu eröffnen, benötigt man als Ausländer seinen Pass und ein *hanko*, einen Namensstempel, in dem die chinesischen Schriftzeichen des Familiennamens eingraviert sind. Hochwertige Hanko werden auf das Ende eines kleinen Blocks aus Hartholz, Elfenbein, Marmor oder Knochen geschnitzt. Japaner lassen ihren persönlichen Siegelabdruck, den sogenannten *jitsu-in,* bei der zuständigen Stadtverwaltung registrieren; damit ist er für alle geschäftlichen Transaktionen und Rechtsgeschäfte gültig.

Natürlich besitze ich einen Pass, aber auch den sehr deutschen Familiennamen Krüger. Unübersetzbar. Das Konto rückt in weite Ferne. Glücklicherweise sehen es meine japanischen Freunde als intellektuelle Herausforderung an, mir zu helfen. Die Schwierigkeit ihrer Aufgabe besteht darin, den Namen lautmalerisch richtig wiederzugeben, gleichzeitig jedoch Schriftzeichen zu wählen, deren Bedeutung dem Träger schmeichelt.

Für die Suche nach meinem neuen Ich haben wir uns einen ganzen Abend in einer nahen Arbeiterkneipe freigenommen. Mit dem Vergehen der Stunden und dem steten Nachschub von Sake und Bier steigt auch die überbordende Fantasie meiner Freunde. Unter großem Hallo werden die Schriftzeichen *kuruu ga* entdeckt. Klingt fast wie Krüger und erinnert aussprachemäßig fatal an meine Lippische Heimat, wo er-Endungen bevorzugt wie a ausgesprochen werden. Sehr schön, stimme ich zu. Das Lachen ist groß: *kurru ga* bedeutet verrückte Motte. Irgendwann einigen wir uns auf eine adäquate Übersetzung meines Vornamens: *hanzu, han* steht für gedeihen, blühen, *zu* hat die Bedeutung von Segenswunsch, Gratulation. Nun ja, Blühender Segenswunsch oder Gedeihliche Gratulation klingen zwar sehr übertrieben, aber wenn des denn der Kontoeröffnung dient...

Der in einem Schreibwarengeschäft schnell angefertigte Gummistempel kostet mich umgerechnet zehn Euro. Im Preis enthalten ist eine Plastikhülle zum Aufbewahren. Die nächste Filiale der Mitsubishi-Bank (vergleichbar der Deutschen Bank) residiert in einem Glas- und Stahlpalast. Im Schalterraum laufen über ein Leuchtband die neuesten schlechten Nachrichten von der Tokioter Börse. Zwei beschlipste Jung-Angestellte zischen durch die Zähne, als ich ihnen meinen Wunsch nach einer Kontoeröffnung vortrage. Zähnezischen ist in Japan ein Zeichen für Schwierigkeiten. Nach 20 Minuten verlasse ich den Raum der Ungastlichkeit.

In der Sanwa Bank, Zweigniederlassung Shibuya, leert gerade ein bebrillter Sicherheitspolizist im kleinen Schalterraum die Aschenbecher. Zwei junge Mitarbeiterinnen zeigen ein Lächeln, das sich in ihren Augen widerspiegelt. Sie tragen die Einheitsuniform japanischer Bürodamen: langer Rock, dezente Bluse, Weste. Mein Pass wird mit beiden Händen entgegengenommen, der präsentierte Stempel wohlwollend registriert. Zuvorkommend helfen sie mir beim Ausfüllen der Antragsformulare. Die Mindesteinlage beträgt 1000 Yen, zehn Euro. Ein Topf mit roter Stempelfarbe wird vor mir platziert. Fünf Stempeldrucke später halte ich mein erstes japanisches Sparbuch in den Händen. Als glücklicher Besitzer eines neuen Kontos bekomme ich als Aufnahmegeschenk ein grünes Handtuch und eine Packung Papiertaschentücher.

Das ABC der Fremde

Mein Tag ist ausgefüllt. Morgens habe ich Japanischunterricht, nachmittags helfe ich Freunden in ihrer Foto- und Presseagentur. Zur Sprachschule benötige ich einen halbstündigen strammen Fußmarsch. Der Gang klärt den Kopf und beschert neue Bilder und überraschende Begegnungen: In sich gekehrte Männer mit Pergamentgesichtern auf dem Weg zur U-Bahn, adrette Bürofräulein, die ihre Yves-Saint-Laurent-Handtaschen ausführen. Regelmäßig beobachte ich eine alte Dame, die vor ihrem kleinen Kiosk den Bürgersteig von Zigarettenstummel säubert. Zum Aufpicken benutzt sie ein paar Wegwerfstäbchen.

Einmal treffe ich im kalten Dämmerlicht eines nebeligen Morgens einen verkaterten und verfrorenen Tramp, der eine Zigarette schnorrt und ein paar Yen für eine Dose heißen Kaffee aus dem Getränkeautomaten. Feuer hat er auch nicht. Der Tramp trägt Gummistiefel. Um den Oberkörper hat er eine Wolldecke geschlungen. Er spricht den Dialekt von Nord-Honshu: weiche Konsonanten, verschluckte Endsilben; aus su wird shi, und zum Teufel mit allen verschnörkelten Höflichkeitsformen. Als cleverer Bittsteller schaut er mir nicht ins Gesicht. Verborgen bleibt ihm der falsche Schnitt der Augen. Nachdem er Zigarette, Feuer und Geld erhalten hat, verbeugt er sich kurz aus der Hüfte. Dann verschluckt ihn der Nebel, als hätte es ihn nie gegeben.

Die private Sprachschule besteht aus einer Ansammlung doppelstöckiger Container, die als Klassenzimmer fungieren. Nur die Büros sind in einem festen Gebäude untergebracht. Weil Sprachlehrer keine hohe Sozialstellung einnehmen und nur mäßig bezahlt werden, ist das Personal weiblich. Unser rechteckiger Klassencontainer hat fünf Schiebefenster, durch deren Ritzen der Wind pfeift und einen Nachtspeicherofen. Am Kopfende hängen Tafel und eine Weltkarte, stehen Tisch und Stuhl fürs Lehrpersonal, darum sind u-förmig Stühle mit einer feststehenden Schreibfläche aus Holz angeordnet. Die Kursteilnehmer kommen aus Kanada, England, Italien, Venezuela, Deutschland, Russland, der Schweiz, der Türkei, den USA. Der Großteil von ihnen stammt jedoch aus der Volksrepublik China. Sprachkurse sind für Chinesen die einfachste Möglichkeit, an ein begehrtes Visum für Japan heranzukommen.

Zwar ist das Lehrmaterial auf Englisch und Japanisch verfasst, der Unterricht wird jedoch rein Japanisch abgehalten. Studenten und Lehrerinnen tragen Namensschilder. Die korrekte Anrede für unsere Pädagogin Fräulein Watanabe, lautet *Watanabe-sensei*, Lehrerin Watanabe.

Japanischer Satzbau und Grammatik scheinen auf den ersten Blick von einer erfreulichen Unkompliziertheit zu sein. Bestimmte und unbestimmte Artikel und Pronomina existieren nicht, bei Verben und Substantiven wird nicht zwischen Einzahl und Mehrzahl unterschieden, unregelmäßige Verbformen muss sich niemand merken. Fragesätze enden einfach mit dem Partikel *ka*. Der Praxistest wird zeigen, ob die Versprechungen der Sprachforscher etwas taugen.

In den nächsten drei Monaten versuchen wir die Exotik der Fremde durch das Pauken neuer Vokabeln zu enträtseln: *Chugoku* bedeutet China, *doitsu* ist Deutschland, *doitsugo* die deutsche Sprache, vereinigt oder zusammen heißt *toitsu*, das wiedervereinigte Deutschland folglich *toitsu doitsu*. *Ano* ist eine Person von mir entfernt, *konu* eine Person bei mir, *sonu* eine Person, die von mir entfernt beim Fragenden steht. Für das Wort *mo* benötigt Watanabe-sensei ihr gesamtes schauspielerisches Talent, bis bei uns endlich der Groschen fällt: *mo* bedeutet auch. Die von uns am häufigsten benutzte Vokabel lautet indes *muzukashii,* schwer oder schwierig. Mein erster vollständiger Satz beinhaltet die nicht überraschende Aussage: *„Nihongo wa muzukashii desu"*, Japanisch ist eine schwere Sprache.

Im Gegensatz zur Sprache, bei der die Fortschritte langsam aber stetig sind, erinnert die Schrift an eine Illusion: Je mehr man sich ihr zu nähern glaubt, desto mehr entfernt sie sich von einem. Auch wenn sie in einer engen Beziehung zueinander stehen, der Unterschied zwischen japanischer Sprache und japanischer Schrift ist so groß, als hätten beide nur wenig miteinander gemein. Schreibunterricht, erfahren wir schnell, bedeutet die Potenzierung von Kompliziertheit.

Tatsächlich existieren vier Schriften. Eine müssen wir nicht mehr lernen, weil wir mit ihr aufgewachsen sind: *romanji;* hinter dem Begriff „römisch" verbirgt sich die japanische Umschreibung für das lateinische Alphabet. *Romanji* gilt in Japan als modern und international. Magazin-Titel und neue Produkte werden gern mit Buchstaben geschrieben. Auf T-Shirts und Polohemden stehen absolut sinnfreie englische Sätze. Kinderlätzchen haben angeblich französische Vokabeln aufgedruckt, die in keinem Wörterbuch zu finden sind.

Wir beginnen mit dem Erlernen der Schrift, mit der bereits japanische Kindergartenschüler spielerisch konfrontiert werden: *hiragana.* Dabei handelt es sich um eine Silbenschrift aus vereinfachten chinesischen Zeichen, die im 9. Jahrhundert entwickelt wurde. Die 46 *hiragana*-Zeichen geben alle Lautwerte des Japanischen wieder. Als Merkhilfe bastle ich mir 46 Spielkarten fürs private Gedächtnisspiel. Auf die Vorderseiten notiere ich die Zeichen, auf die Rückseiten die lateinischen Umschreibungen.

Nächste Schrift: *katakana.* Wieder 46 einfache Schriftzeichen, die benutzt werden, um Fremdwörter und ausländische Namen zu schreiben. Ich fertige die nächsten 46 Spielkarten an.

Es folgt der Höhepunkt der Schriftkunst: *kanji.* Im alten China war Kanji ursprünglich eine reine Bilderschrift. Zeichen bedeuteten das, was sie darstellten: Ein Berg sah aus wie ein Berg und wurde deshalb als Berg gelesen. Erst im Laufe der Zeit verlor das Kanji seine Bildhaftigkeit, es wurde ein Zeichen, zum Symbol. Kanji werden im japanischen Text meist zur Bezeichnung von Substantiven und Bedeutungselementen in Verbkonstruktionen verwendet. Sie können sowohl japanisch (kun) als auch chinesisch (on) gelesen werden. Das Kanji des Verbs schreiben wird entweder zu kaku oder sho (chinesisch), Berg heißt in der japanischen Aussprache yama, in der chinesischen san.

Für jedes Kanji existiert eine genaue Strichzahl, die wiederum in der korrekten Schriftreihenfolge geschrieben werden muss. Grundschüler in der ersten Klasse lernen Schriftzeichen mit bis zu 12 Strichen, in der 5. Klasse sind es bereits bis zu 20 Striche. Als Heiliger Gral für Freunde der Schriftzeichen gilt *kanji kentei,* der japanische Kanji-Kompetenz-Test. Überprüft werden dabei die Fähigkeiten, Kanji zu lesen und in der korrekten Strichfolge und den Strichzahlen zu schreiben. Es gibt unterschiedliche Stufen, wobei 10 die niedrigste und 1 die höchste ist. Stufe 1 bedeutet: 33 Striche. Wer einen neuen Job braucht, sollte im Schreiben firm sein: für den japanischen Begriff *shushoku-katsudo,* auf gut Deutsch: Arbeitssuche, braucht man immerhin 50 Striche.

Mein Ausflug in die Welt der Schriftzeichen beschränkt sich auf einige kurze Vorstöße. Ich male Kinderzeichen und verstehe meist nichts. Ansonsten fülle ich mein Notizbuch mit witzigen und ungewöhnlichen Kanji: zwei Bäume sind ein Forst, drei Bäume bilden einen Wald; drei Frauen repräsentieren die Verben geschwätzig oder lärmend. Das Schriftzeichen für Mann besteht aus den zwei Zeichen Reisfeld und Kraft. Schmerzensgeld hat die drei Schriftzeichen „Trost-Entschuldigung-Geld". Leicht und Regen ergeben Nieselregen. Fisch und blau ist die Makrele, Fisch und zart eine Sardine. Und Hosenstall oder Hosenschlitz liest sich in Kanji als „Sozial-Fenster".

Stimmen und Töne aus dem Off

Unglückliche Liebe und nagendes Alleinsein gehören zu Tokio wie die pausenlosen Erdstöße und der jährliche Monsunregen. Das endlose schwarze Asphaltband ist eine Kampfzone, auf der Träume vergehen und Gefühle sterben. Was bleibt, sind die Traurigkeit dessen, der geht, und der Schmerz von dem, der zurückbleibt. Am besten ist die Stadt mit klassischer Musik und Lyrik zu ertragen. Wahrscheinlich hat die tiefe Hingabe der Japaner zu europäischer Klassik etwas mit der Konfusion und dem Lärm ihres Daseins zu tun. Bach, Händel und Brahms sind die Erschaffer von Klangwelten der absoluten Reinheit. Noten wie lange Seufzer nach tiefem Einatmen; Hingabe, Ordnung und Ordnendes, große Gefühle und die Stille am Ende eines Satzes. Mozarts „Zauberflöte" vertreibt in Tokio jegliche Schatten von Kummer und Pein.

Für die Grammatik der poetischen Seele bietet Tokio alle Elemente: Mensch und Stein, Hochbauten und Straßenschluchten sind die Substantive. Adjektive erscheinen mit jedem Sonnenuntergang, Verben verstecken sich zwischen schmalbrüstigen Häuserzeilen, Metaphern schweben über den Gleisen der S-Bahnen. In der Heimat der Worte finden wir uns wieder. Rilke klingt, als hätte er in seinem vorherigen Leben japanische Erfahrungen gesammelt:

> *„Die Einsamkeit ist wie ein Regen.*
> *Sie steigt vom Meer den Abenden entgegen;*
> *von Ebenen, die fern sind und entlegen,*
> *geht sie zum Himmel, der sie immer hat.*
> *Und erst vom Himmel fällt sie auf die Stadt.*
> *Regnet hernieder in den Zwitterstunden,*
> *wenn sich nach Morgen wenden alle Gassen*
> *und wenn die Leiber, welche nichts gefunden,*
> *enttäuscht und traurig voneinander lassen;*
> *und wenn die Menschen, die einander hassen,*
> *in einem Bett zusammen schlafen müssen:*
> *dann geht die Einsamkeit mit den Flüssen …"*

William Shakespeare scheint seinen Macbeth an einen fernen Ort geschickt zu haben, der auch das Spiegelbild der Burg von Edo sein könnte:

> *„Leben ist nur ein wandelnd Schattenbild,*
> *Ein armer Komödiant, der spreizt und knirscht*
> *Sein Stündchen auf der Bühn und dann nicht mehr*
> *Vernommen wird; ein Märchen ists, erzählt*
> *Von einem Blödling, voller Klang und Wut,*
> *Das nichts bedeutet."*

Auch chinesische Dichter machen sich in den verlassenen Stunden zwischen Nacht und Morgen sehr gut. Li Po (701–762), größter Lyriker und Trinker aus dem Reich der Mitte:

> *„Der Lebende ist ein vorbeiziehender Reisender,*
> *der Tote ein Mann, der heimgekommen ist.*
> *Eine kurze Reise zwischen Himmel und Erde,*
> *danach, ach, sind wir der gleiche alte Staub von*
> *Zehntausend Leben."*

Wenn mich die Einsamkeit in meinem Zimmer zu verschlingen droht, schlüpfe ich in billige Schlappen und mache mich auf den Weg. Kurzer Fußmarsch, Grummeln von der nahen Hochstraße, das Schnalzen, wenn sich die Gummischlappen bei jedem Schritt von den Fersen lösen. Der Pächter meiner Stammkneipe ist ein zierlicher, gelbgesichtiger Mann mit einer hohen Stimme und dem Lächeln eines Einfaltspinsel oder Unschuldigen. Seinen weißen Kittel wechselt er selten, seine schwarzen Gummistiefel nie. Er ist Anfang 40, unverheiratet. Er hat kein Hobby, keine Interessen. Sein Daseinszweck scheint die Arbeit zu sein. Mag sein, er ist vielschichtiger, als ich vermute, aber wenn, weiß er das gut zu verbergen. Er ist Kettenraucher, und, was den Verbrauch von Sake betrifft, sein bester Kunde. Zu später Stunde ist sein Lächeln breit, umwölkt sein Blick. Niemand ruft ihn bei seinem richtigen Namen. *Master-san*, sagen die Gäste; Master ist das englische Wort für Meister.

Die Kneipe ist ein schmales Rechteck, links die Theke mit zehn Hockern, rechts, etwas erhöht zwei Tatamimatten mit zwei Klapptischen und vielen Sitzkissen. Am Ende des Raumes gibt es eine winzige Toilette. Über der niedrigen Eingangstür hängt eine Stoffbahn, auf der steht: *Yakitori.*

Yakitori sind kleine Stückchen Hühnerfleisch, Leber, Gemüse, die auf einem Bambusspieß aufgereiht und über einem offenen Holzkohlenfeuer gegrillt werden. Sie werden stückweise berechnet. Master-san hat im Angebot auch Wachteleier (vier auf einem

Spieß), faltige Hühnerhaut und filigrane Hühnerflügel und Gehacktes. Außerdem serviert er Pellkartoffeln – drei Kartoffeln auf einem Teller, dazu ein Salzhäufchen und ein Stück Butter. Im Winter bereitet er eine heiße, sämige Gemüsesuppe zu.

Er kommt aus dem Süden, von der Insel Kyushu, wo der Himmel blauer ist und die Sonne heller und die Menschen entspannter. Nur einmal im Jahr fährt er für fünf Tage in sein Heimatdorf, um Zwiesprache zu halten mit den Toten und um die Ahnen zu ehren. Das buddhistische Fest heißt o-bon und findet im siebten Monat des Mondkalenders statt.

Seine Kundschaft rekrutiert sich hauptsächlich aus den Wurzellosen, zugezogene Arbeiter und Angestellte aus dem ländlichen Japan. Sie leben in verstörenden Zweitwelten: Das Dorf ihrer Kindheit ist zum Platz nostalgischer Erinnerungen geworden, die neue Stadt zum Ort einsamer Leere, in der sie auch nach Jahren der Anwesenheit nicht angekommen sind. Unter den hektischen Bewohnern von Tokio gelten sie als rückständig und provinziell. Seltsam, obwohl ich ein *Gaijin*, ein Ausländer bin, akzeptieren sie mich fast so, als wäre ich einer der ihren. Eine verräucherte Kneipe als Treffpunkt von Gleichgesinnten, der wärmende Herd einer verloren geglaubten Heimat, ein ruhender Pol im Dasein der Unbeständigkeit.

Stempel: http://bit.ly/12LLkrl
Japanische Sprache: http://bit.ly/cpEhNt
Japanische Schriftzeichen: http://bit.ly/Krllk

Deutsch-japanische Zahlenspiele

tokei *(Statistik)*

Das eine Land befindet sich hier, das andere dort und dazwischen liegen 9342 Kilometer Luftlinie; etwas über elf Stunden Flugzeit, wenn der Jetstream kräftig schiebt. Zusammen werden sie nie kommen, dafür sorgen schon Distanz und Sprache und Geschichte. Aber sie vergleichen sich gern. Beide zählen zu den Industrienationen, die erst spät in den Kreis der Großmächte eingetreten sind. Beide sind sich ihrer selbst unsicher, widersprüchlich für die Nachbarländer. Auf Grund ihrer wirtschaftlichen Erfolge werden sie zwar anerkannt, wegen ihrer militaristischen Vergangenheit jedoch noch immer mit Misstrauen beobachtet. Am einfachsten ist noch eine Gegenüberstellung in Zahlen:

	Japan	Deutschland
Größe	377 915 km²	357 022 km²
Einwohnerzahl	127,8 Mio.	81,8 Mio
Bevölkerungsdichte pro km²	343 Einwohner	231 Einwohner
Küstenlinie	29 751 km	2389 km
Höchster Punkt	3776 m (Fuji)	2963 m (Zugspitze)
Schienennetz	20 036 km	33 706 km
Straßenverkehrsnetz	1 200 858 km	644 288 km
Bruttosozialprodukt pro Kopf	33 772 $	37 567 $
Besteuerung eines Arbeiters	30,5 %	49,1 %
Durchschn. Lebenserwartung	82,25 Jahre	80,07 Jahre
Durchschn. Heiratsalter	30,5 Männer 28,8 Frauen	33,2 Männer 30,5 Frauen
Olympiamedaillen	435	1663
Haustiere	12,3 Mio. Hunde 10,0 Mio. Katzen	5,4 Mio. Hunde 8,2 Mio. Katzen
Wellness	3500 Badeorte	350 Heilbäder/Kurorte
Ausländische Besucher	6,7 Mio., davon 124 000 Deutsche	26,8 Mio., davon 605 321 Japaner

FLUCHT NACH VOGELFELD

Wer der Menschenmassen überdrüssig ist, für den gibt es immer noch das japanische Dorf. Wer hier alleine bleibt, hat selbst schuld.

inaka no seikatsu *(Landleben)*

Wenn ich müde bin vom Lärm Tokios und der rasenden Geschwindigkeit des urbanen Lebens, nehme ich vom Bahnhof Shinjuku den Direktzug Richtung Südwest. Zwei Stunden auf ratternden Gleisen, um an einen Ort zu gelangen, der es mir erlaubt, dem Müßiggang zu frönen und Atem zu holen. Das Dorf trägt den Namen Vogelfeld, Torihara im Japanischen. Es liegt in einem Gebiet, das bekannt ist für den Obstanbau, heiße Sommer und kalte Winter.

Meine japanischen Freunde besitzen im Dorf ein traditionelles zweistöckiges Holzhaus. Dunkle Zypressen und hohe Laubbäume schützen es gegen die kalten Winterwinde, spenden Schatten im Sommer. Sie haben einen kleinen Kräuter- und Gemüsegarten angelegt. Nur ein paar Schritte entfernt beginnt der Wald. Der Hügel im Norden ist von einem Bambushain überwuchert. Einen Keller besitzt das Haus nicht, stattdessen ruht das Fundament lose auf Ecksteinen. Dadurch werden bis zu einem gewissen Grad

Erdbeben abgefangen. Außerdem kann während der schwülen und heißen Sommermonate darunter die kühlende Luft frei zirkulieren.

Im Erdgeschoss befinden sich Bad, Toilette, Küche, eine Mischung aus Büro und Wohnraum. Zwei Zimmer sind mit Tatami ausgelegt. Die rund acht Zentimeter dicken Matten bestehen aus gepresstem Reisstroh und einem Überzug aus dünnem Ried. Die Seiten werden von einer dekorativen Stoffbahn eingefasst. Neuverlegte Tatami glänzen grün-gold und riechen wie ein frischer Frühlingsmorgen, alte Matten haben die Farbe verbrannter Haut und einen muffigen Geruch. Tatami gelten als Maßeinheit für die Größe eines Raumes. Eine Matte ist neunzig Zentimeter breit und einhundertachtzig Zentimeter lang. Die Fläche entspricht dem Platz, den ein Japaner in ausgestreckter Ruhehaltung benötigt.

Die beiden Zimmer haben jeweils acht Matten und werden von papierbespannten Schiebetüren, den Shoji, getrennt. Im ersten Stock, zu dem eine schmale Holzstiege führt, befinden sich weitere Schlafräume. Im Süd-Osten liegt eine Holzveranda. Anstelle von einer Außenwand wird sie von vier Schiebetüren aus Holz mit eingefassten Glasscheiben abgetrennt. Ein weites Vordach schützt die Veranda vor Regen und Sonnenstrahlung. Bei schönem Wetter werden die Türen geöffnet; man hat das Gefühl im Freien zu sitzen.

Nach dem Chaos Tokio vermittelt das Dorf Stille, Harmonie, Ordnung und Übersichtlichkeit. Es liegt an einem sanft ansteigenden Hang. Ein Haufendorf, siebzig Häuser und fünfhundert Einwohner, und die meisten Familien heißen Watanabe oder Natori oder Umino. Wer Teil der Dorfgemeinschaft sein will, unterwirft sich den geschriebenen und ungeschriebenen Regeln. Vom ältesten Sohn wird erwartet, dass er der Freiwilligen Feuerwehr beitritt. Im gesetzten Alter gehört man zur Bäuerlichen Kooperative und zum lokalen Schrein. Wer Reisfelder besitzt, zählt automatisch zur Bewässerungs-Vereinigung. Mein Eindruck ist, alle Verbände sind nur eine Ausrede für ausgelassene Trinkgelage mit denen die Zusammenkünfte regelmäßig enden. Nur in der Frauengruppe, die sich einmal pro Woche zum Mandolinenspielen trifft, geht es gesittet zu.

Nach Tokioter Maßstäben sind die Häuser verschwenderisch groß. Um weitläufige Bauerngehöfte ziehen sich weiß getünchte Steinmauern, deren Kronen aus lasierten Dachpfannen bestehen. In den Innenhöfen parken Pritschenwagen der Marken Suzuki, Isuzu und Honda. Über Teppichstangen hängen Oberbetten zum Lüften. Es gibt ein Kolonialwarengeschäft, klein und dunkel, in dem selbst tagsüber Neonröhren brennen. Neben dem Geräteschuppen der Freiwilligen Feuerwehr erhebt sich ein eiserner Wachturm mit mehreren Lautsprechern, über die bei Brandalarm Sirenenklänge ertönen. Um 12 Uhr erschallt eine Aufzeichnung des berühmten Glockenschlages von „Big Ben" und kündigt die Mittagszeit an, um 18 Uhr wird auf gleiche Weise der Feierabend eingeläutet.

Die engen Straßen sind von Wasserrinnen aus Beton begrenzt, die vom kalten, klaren Wasser des nahen Flusses gespeist werden. Manchmal sitzen mittags und abends alte Frauen an den Straßen, die Gemüse waschen. Sie tragen dunkle, weite Hosen, mompe genannt, und Schürzen. Sie haben Kopftücher umgebunden, unter denen ihre winzigen, faltigen Gesichter zu verschwinden scheinen.

Der shintoistische Dorfschrein liegt an einem Steilhang, ein kleines, unscheinbares Holzgebäude, zu dem eine ausgetretene

Steintreppe führt. Jahrhundertealte Zedern bilden Spalier. Die
rote Farbe auf dem traditionellen Torri, dem hölzernen Balkentor,
das die Grenze zwischen Weltlichem und Sakralem darstellt, ist
verblichen. Daneben steht eine Steinlaterne, in der eine nackte
Glühbirne hängt. Im Herbst tummeln sich im dichten Wald fünfzehn Affen, im Winter steigt ihre Zahl auf über fünfzig.

Früher hat das Dorf hauptsächlich von der Seidenraupenzucht
gelebt; in vielen Gärten stehen noch verwitterte Maulbeerbäume,
deren Blätter an die Raupen verfüttert wurden. Herr Watanabe
kann sich noch an die Zeit erinnern, als seine Familie dringend
auf das Zusatzeinkommen angewiesen war. „Selbst in meinem
Kinderzimmer wurden in großen Kisten Seidenraupen gehalten.
Die Geräusche, wenn die Raupen die Blätter gefressen haben,
werde ich nie vergessen. Sak-sak, sak-sak. Tag und Nacht ging
das so. Sak-sak.“

Herr Watanabe ist Mitglied des Gemeinderates. Seine Familie
lebt seit sieben Generationen in Torihara, Steinmetze und Bauern.
Er besitzt eine Obstplantage. Zweihundertzwanzig Pfirsichbäume
der Sorten Hikawa-Hakutou, Akatsuki, Chiyohime und Yume-
shizuku, ausgerichtet in zehn Reihen à zwanzig Bäume. Zum
Schutz gegen Insekten, Vögel und schädliche Umwelteinflüsse
wird jede einzelne Frucht in Wachspapier eingeschlagen. Geerntet
wird, je nach Sorte, zwischen August und September.

Pfirsiche heißen im Japanischen momo, sie sind größer, saf-
tiger und süßer als die Früchte, die wir bei uns kennen. Ihr Fleisch
ist mehr weiß oder weiß-rötlich als gelb, ihre Haut wird vor dem
Verzehr entfernt.

Bei der Arbeit trägt Herr Watanabe einen Blaumann, der in
Japan allerdings hellgrün ist, dazu weiße Stoffhandschuhe und
Gummistiefel und einen Strohhut. Er ist knapp sechzig Jahre alt,

und sein Haar besitzt eine schwarze Farbe, die in der Natur nicht vorkommt. Wie jeder Bauer stöhnt er gern. „Im Winter liegt der Schnee bis zu zwei Meter hoch. Abends kommen wilde Kaninchen und knabbern die Rinde von den Ästen." Tiefer Seufzer: „Das Einwickeln der Früchte dauert ewig und geht in die Oberarme." Ein noch tieferer Seufzer: „Das Leben ist hart."

Zwar hat Herr Watanabe großes Interesse an der Welt jenseits des Dorfes – seine älteste Tochter arbeitet bei einer Bank in Tokio, die Jüngste will nach Kanada, um dort zu studieren – doch der Mittelpunkt seines Lebens ist Torihara. Er erinnert sich an jede Katastrophe, die sich ereignet hat. Die Differenz zwischen dem, was er über einen Dorfbewohner weiß und was verborgen liegt, ist gering. Klatsch gilt als Kitt, der die Gemeinschaft zusammen-hält, harte Arbeit, nicht Besitz und Titel, als vorbildliches Wesens-merkmal, das den Einzelnen auszeichnet. „Das Leben", sagt ein russisches Sprichwort, „ist kein Spaziergang über ein freies Feld." Das Pendant im Japanischen lautet: „Jedes Reiskorn kostet Mühe."

In alten Zeiten wurden in Torihara auch Weizen, Gerste, Hirse und Bohnen angepflanzt. Längst ist Reis die wichtigste Feldfrucht. Er wird in kleinen, terrassenförmig angelegten Feldern angebaut. Die dicken Stützwälle sind neueren Datums, sie wurden aus Beton errichtet und wirken, als seien sie für die Ewigkeit gebaut.

Was Torihara von den anderen Dörfern der Umgebung haupt-sächlich unterscheidet, ist die uralte Form der Bestattung. Die Toten werden nicht eingeäschert, sondern sitzend begraben. Die Knie bis ans Kinn gezogen und die Arme nach vorn gekreuzt, was es ihnen unmöglich macht, wieder aufzustehen und als Gespenster die Lebenden heimzusuchen. Als Särge werden große, bauchige Holzfässer benutzt. Der Friedhof liegt an einem Berg-hang oberhalb des Dorfes.

Für die Aufrechterhaltung der Ordnung sorgt ein rundgesichtiger leutseliger Dorfpolizist. Er besitzt ein Dienstmoped. Seine Frau gilt als Schönheit; sie schminkt sich so stark, dass ihr Gesicht an eine Porzellanpuppe erinnert. Der Polizist hat in seiner bisherigen Laufbahn einen Mord erlebt, ein Eifersuchtsdrama. In einem Liebeshotel in der Nähe von Torihara hat vor Jahren ein pakistanischer Gastarbeiter seine japanische Freundin erstochen.

Eine Dorfchronik scheint nicht zu existieren. Geschichte überlebt in Erinnerungen. Einmal erzählt mir die alte Frau Hara über den Besuch von Kaiser Meiji. Frau Hara ist weit über achtzig Jahre alt. Was sie mir berichtet, sind die Erzählungen ihrer Eltern.

Frau Hara ist die Mutter des örtlichen Suzuki-Vertragshändlers. Sie behandelt ihren Sohn mit Nachsicht, er sie mit Respekt. Der Junior ist trotz seiner fünfzig Jahre noch Junggeselle. Er spielt Golf, reist durch die Weltgeschichte und gilt folglich als Lebemann. Beim Gebrauchtwarenkauf ist es angebracht, ihm ein gesundes Misstrauen entgegenzubringen.

(Kaiser Meiji ist der Tenno, der Japan gegenüber dem Westen öffnete. Als er den kaiserlichen Thron im Jahr 1868 bestieg, war er erst 15 Jahre alt. Als er 1912 starb, war Japan von einem mittelalterlichen, feudalen Land zu einer nach westlichem Muster geformten asiatischen Großmacht aufgestiegen. Obwohl er niemals die tatsächliche Herrschaft ausübte, wurde er zur Gallionsfigur einer neuen Ära, die seinen Namen trug. Während seiner Regierungszeit 1868 bis 1912 gab sich das Land eine Verfassung, wurde die Schulpflicht eingeführt, das Heer reformiert.)

Zwar kann sich Frau Hara nicht mehr an das genaue Jahr erinnern, aber irgendwann um 1905 erreicht der Kaiser Torihara. Seine Ankunft war das herausragendste Ereignis in der Dorfgeschichte. Der Tenno blieb nur eine Nacht. Er war auf dem Weg nach Nagoya. Sein Hofstaat bestand aus vierhundert Personen. Eine Vorausabteilung baute für die Begleitung tragbare Toiletten auf. Die Bevölkerung wurde angewiesen, die Straßen zu fegen und ihre Häuser auf Hochglanz zu bringen. Jedermann zog seine beste Kleidung an.

Der Kaiser übernachtete bei den reichsten Großgrundbesitzern der Gegend, der Familie Kita-Hara. Sein Schlafzimmer war acht Reisstrohmatten groß. Es lag an einem kleinen Innenhof, mit schmalen Kieswegen, gestutzten Kiefern und einem Felsbrocken, der wie ein Berg geformt war; eine Steinlaterne spiegelte sich in einem kleinen Teich wider. Abends, nachdem der Tenno ein Bad genommen hatte, bildete die Dorfbevölkerung am Hintereingang des Wohnhauses der Kita-Hara eine lange Schlange. Die Menschen waren mit Flaschen, Tonkrügen und Eimern gekommen, um das Badewasser des Kaisers entgegenzunehmen.

„Um es zu trinken? Um es wie eine Reliquie aufzubewahren?"

Frau Hara murmelt: „Ich weiß es nicht. Vielleicht wollten sie einfach etwas besitzen, was der Kaiser berührt hatte. Der Kaiser war doch ein Gott."

Wie überall auf dem Land verläuft auch in Torihara das Leben im Einklang mit der Natur, den Jahreszeiten und den bäuerlichen Festen, die das Jahr gliedern und ihm eine feste Struktur geben. Selbst die Geräuschkulisse scheint aus einer anderen Welt zu kommen: kein Presslufthämmern, kein ununterbrochener Autolärm, stattdessen das Rauschen des Regens, durch Windböen aufgewirbelte raschelnde Blätter, der eindringliche Klageruf eines Bergkuckucks, der, glaubt man alten Erzählungen, Bote der Unterwelt und Verkünder des Todes ist.

Ende Februar blühen die ersten Pflaumenbäume, ab April beginnt die Pfirsichblüte. Im Sommer trocknet die Hitze Farne

und Bambus gelb, Libellen sirren über schrumpfende Wasser-
flächen, Glühwürmchen blinken im dunklen Wald. Das Herbstrot
des Ahorns verleiht den Wäldern Farbtupfer, knall-gelb färben
sich die Blätter der Ginkgo-Bäume. Aus der Ferne wirken die rei-
fen Reisgarben wie ein Meer aus Gold. Ende November ziehen
kalte Herbstwinde über das Land. Sie werden im Japanischen
zansho genannt, „was von der Sommerhitze übrig geblieben ist".
  Der Mann, der die Natur kennt wie kein zweiter, heißt Natori.
Er ist fast 80 Jahre alt, klein und drahtig. Meist trifft man ihn im
dunklen Tann, ein japanischer Pfadfinder mit tiefblauen Gummistiefeln. Immer hat er seine Arbeitshose mit Plastikbändern
hochgebunden. Häufig trägt er einen Regenmantel, und auf seinem kurzgeschorenem grauen Haar liegt ein weißes Baumwollhandtuch zum Schutz gegen die Nässe. Über seiner rechten Schulter hängt ein billiger Jutesack. „Guten Tag, Herr Natori. Wie geht's,
Herr Natori? Was haben Sie im Rucksack, Herr Natori?"
  In dem Sack liegen Warabipflanzen, die gekocht werden und
deren Geschmack an grünen Spargel erinnern. Außerdem ein
Berggemüse namens *sansei*, das aussieht wie Brokkoli, und wilder
Kerbel. An abgelegenen Bergstellen wächst wildes Bambusgras,
sasa genannt, das bis zu vier Meter hoch wuchert. Wenn der
Schnee zu schmelzen beginnt, gräbt Herr Natori die köstlich
schmeckenden Bambussprösslinge chishimazasa aus.
  Er hat niemals David Thoreau's „Walden" gelesen, dabei
scheint er direkt aus den Seiten zu treten: „Ich zog in den Wald,
weil ich den Wunsch hatte, mit Überlegung zu leben, dem eigent-
lichen, wirklichen Leben näher zu treten, zu sehen, ob ich nicht
lernen konnte, was es zu lehren hätte, damit ich nicht, wenn es
zum Sterben ginge, einsehen müsste, dass ich nicht gelebt hatte.
Ich wollte nicht das leben, was nicht Leben war; das Leben ist so

kostbar. Auch wollte ich keine Entsagung üben, außer es wurde unumgänglich notwendig. Ich wollte tief leben, alles Mark des Lebens aussaugen, so hart und spartanisch leben, dass alles, was nicht leben war, in die Flucht geschlagen wurde."

Sein einziger Sohn arbeitet als Grundstücksmakler in Tokio und lässt sich nie im Dorf blicken. Der Vater schüttelt abwertend den Kopf. Auf ihn übt die Hauptstadt keine Anziehungskraft aus. „Kein Wald in Edo", sagte er. Edo bedeutet westliche Hauptstadt; es ist der alte Name für Tokio. Herr Natori ist fast jeden Tag unterwegs, selbst wenn in den Bergen noch Schnee liegt und es eigentlich viel zu kalt ist, um Pflanzen zu suchen. Aber der Herbst ist die beste Zeit. „Ah", sagt er, „viele Pilze im Herbst. Man kann sich ein schönes Zubrot verdienen. In der Stadt zahlen sie gutes Geld für Pilze." In seinen buschigen Augenbrauen haben sich Wasserperlen verfangen.

Als Höhepunkt des dörflichen Festkalenders gelten die Sumo-Kämpfe zum Erntedankfest. Sie finden am frühen Sonntagnachmittag auf dem freien Platz unterhalb des Shinto-Schreins statt. Das Dorf ist fast vollständig versammelt. Der Kampfplatz aus schwarzem Sand, begrenzt von einer Umrandung aus geflochtenem Reisstroh, hat den vorgeschriebenen Durchmesser von 4,55 Meter. Die Teilnehmer kommen aus Torihara und den umliegenden Weilern.

Herr Watanabe sagt, das Fest würde schon seit 300 Jahren gefeiert. So lange, sagt er, existiere der Schrein. Weil der geehrte Ausländer schon mal da sei, erklärt er, wäre es schön, wenn der geehrte Ausländer dem Dorf die Ehre geben würde, an den Kämpfen teilzunehmen. Der geehrte Ausländer bin ich.

Bevor ich mich versehe, werde ich hinter eine rot-weiß gestreifte Markise geführt und in einen langen Baumwollstreifen gegürtet, dessen Anfang wie eine Schürze die männlichen Attribute bedeckt. Das Ende wird zwischen den Backen stramm gezogen. Ich nehme bei den anderen Kämpfern auf einer großen Bambusmatte Platz. Sie traktieren mich mit kaltem Sake aus Wassergläsern. Anerkennend klopfen sie mir auf die Schulter und sagen, ich hätte Sportsgeist. Ich trinke noch ein Glas Sake.

Eigentlich sollte der Schiedsrichter ein Shinto-Priester sein, aber im Dorf gibt es keinen, und so muss der örtliche Postbeamte herhalten. Das traditionelle Kostüm gehört zum Gemeindefundus. Er kündigt mich als Chiyonofuji an. Ein Witz, Chinyonofuji, bekannt als „der Wolf", zählte mal zu den Top-Sumokämpfern des Landes.

Ich habe oft genug Sumo-Kämpfe im Fernsehen gesehen, um die Regeln zu kennen. Verloren hat, wer zuerst aus dem Ring gedrückt wird oder mit einem Körperteil, außer den Fußsohlen, den Boden berührt. Bevor ich den Ring betrete, spüle ich mit einem Glas Wasser meinen Mund aus, um meinen Körper zu säubern. Ich werfe eine Handvoll Salz aus, um den Kampfplatz zu reinigen. Ich lasse mich in die Hocke gleiten, strecke die Hände aus, die Handflächen geöffnet, um dem Gegner zu zeigen, dass ich unbewaffnet bin. Als Zeichen meiner Kraft versuche ich, im Zeitlupentempo mit den Füßen aufzustampfen. Bei mir wirkt die beabsichtigte Drohgebärde wie die Vorstellung eines Schuhplattlers. Die Zuschauer amüsieren sich.

Mein erster Gegner ist um die sechzig Jahre alt, aber noch gut in Form. Wir treffen uns in der Mitte des Ringes, den Rücken gebeugt, die Fäuste auf dem Boden. Der Schiedsrichter gibt mit seinem Handfächer das Signal. Ich gleite hinter meinen Gegner, hebe ihn hoch und lasse ihn fallen. Beifall, dreitausend Yen in einem Briefumschlag und kalten Sake. Meinen nächsten

Kontrahenten, einen drahtigen Jüngling, drücke ich aus dem Ring. Beifall, als Kampfpreis Wassereimer, Plastikhalter für Bestecke, aluminiumbeschichtetes Küchenpapier und wieder Sake.

Ich gewinne noch einmal. Danach hat die Siegesserie ein Ende. Die Gegner stellen sich auf meine unorthodoxe Kampfweise ein. Beim letzten Kampf fliege ich aus dem Ring. Bei der Bruchlandung prellte ich mir die Rippen, bekomme aber dafür wieder einen klaren Kopf. Ich verdrücke mich hinter die Markise und schlüpfe in meine Sachen. Der Schiedsrichter gibt per Handmikrofon meinen Abschied bekannt. Das Dorf klatscht. Herr Watanabe lächelt: „Wir haben selten so viel Spaß gehabt."

DIE WELT AUF KLEINSTEM RAUM

In diesen drei berühmten Landschaftsgärten können
Sie sogar Ihren Geist wandern lassen.

nihon teien *(Japanischer Garten)*

Angestrebt wurde immer Harmonie auf kleinstem Raum. Im
Gegensatz zu westlichen Gärten, in der die Natur dem Menschen
untertan gemacht wird, arbeitet die Hand des japanischen Gärt-
ners im Verborgenen.

Woher Gartenkünstler im Fernen Osten ihre Inspiration bezo-
gen, wird aus einem chinesischen Text aus dem 11. Jahrhundert
deutlich: „Gao Keming wanderte in der Wildnis umher, setzte
sich nieder und kontemplierte einen ganzen Tag lang die Landschaft, ehe er sich zuhause in ein ruhiges Zimmer zurückzog
und aller Sorgen ledig seinen Geist in Bereiche jenseits der mate-
riellen Dinge wandern ließ. Erst dann griff er zum Pinsel und
malte."

In Japan wird folgende Geschichte erzählt: Tee-Meister Rikyu
beobachtet seinen Sohn Shoan, wie er den Gartenweg fegt und
mit Wasser sprengt. „Nicht in Ordnung", sagt der Vater streng,
als sein Sohn die Arbeit beendet hat und trägt ihm auf, es noch
einmal zu tun. Nach einer Stunde ermüdender Arbeit wendet

sich der Sohn an Rikyu und sagt: „Vater, nichts ist mehr zu tun. Die Stufen sind zum dritten Mal gewaschen, die Steinlaternen geputzt, die Bäume gegossen, das Moos mit Wasser besprengt, und alles leuchtet in frischem Grün. Nicht ein Zweig, nicht ein Blatt liegt mehr auf dem Boden." „Narr", schilt der Tee-Meister, „so soll man keinen Gartenweg fegen." Tritt in den Garten hinein, schüttelt einen Baum und streut so über Gras und Weg goldene und purpurfarbene Blätter.

Landschaftsgärten repräsentieren das ganze Universum, symbolisiert durch die Elemente Erde, Wasser, Feuer, Wind und Himmel. Alles hat seinen Platz und seine Bedeutung: Hügel und Inseln stellen die Erde dar, Teiche und Bäche das Wasser, Blüten und Bäume das Feuer, das Blühen der Blüten die unsichtbare Macht des Windes, die Farbe von Pflanzen und Blättern den Himmel. Wer die drei berühmtesten Gärten besuchen will, sollte vor allem eines mitbringen: viel, viel Zeit.

Der Garten Koraku-en in Okayama

Im Jahre 1887 wurde der 13,3 Hektar große Garten vom Burgherrn Ikeda Tsunamasa in Auftrag gegeben, dreizehn Jahre später war er fertiggestellt. Der Koraku-en gilt als klassisches Beispiel eines Wandelgartens. Auf Schritt und Tritt wird dem Besucher ein neuer malerischer Ausblick auf Teepavillons, Wiesen, Teiche, Bäche, Hügel, Kiefern-, Ahorn-, Kirsch- und Pflaumenbäume präsentiert. Der Name, „Garten des späten Vergnügens", wird Konfuzius zugeschrieben, der gesagt haben soll, ein weiser Herrscher müsse zuerst an seine Untertanen denken, bevor er seinen eigenen Vergnügungen nachgehe.

Der Garten Kenroku-en in Kanazawa

Vollendet wurde der Landschaftsgarten 1837. Auf einer Fläche von zehn Hektar zeigt er die große Natur im Kleinen - Teiche und Hügel, Wasserläufe und Kirschbaumhain, Wasserfall und Pflaumenbäume, Rasenflächen, Kiefern und Teehäuser. Sein Name, „Garten der sechs Eigenschaften", weist auf die Attribute hin, die laut antikem chinesischen Vorbild einen perfekten Garten ausmachen sollen. Es sind: Würde, Feierlichkeit, Weite, künstlerische Gestaltung, Kühle und szenische Harmonie.

Der Garten Kairaku-en in Mito

Schon sein Name, „Der Garten zum gemeinsamen Vergnügen", verrät, dieser 12,7 Hektar große Park aus dem Jahr 1842 wurde nicht allein zur Freude des lokalen Herrschers Nariaki Tokugawa angelegt, sondern war schon früh der Öffentlichkeit zugänglich. Berühmt ist der Garten für seine über 3000 Pflaumenbäume, die von Februar bis März blühen. Bei den über 100 verschiedenen Sorten handelt es sich nicht um Zierbäume, die Früchte werden gesammelt und eingemacht. Eine weitere Attraktion ist die Nachbildung des berühmten Teehauses Koubuntei. Im Wartezimmer für Gäste steht das uralte japanische Gedicht: „Oh, die Ihr die Welt verlassen habt und doch in der Einsamkeit keinen Trost findet, welchen Weg werdet Ihr nehmen?" Das Antwortgedicht des Burgherrn lautet: „Oh, die Ihr die Welt verlassen habt und doch in der Einsamkeit keinen Trost findet, kommt hierher."

Koraku-en: http://bit.ly/14MGppk
Kenroku-en: http://bit.ly/2ILIU
Kairaku-en: http://bit.ly/9U2hJ0

IM SCHATTENREICH JAPANISCHER ZOCKER

Die Nacht ist nicht überall gleich: Unterwegs im Schattenreich japanischer Zocker.

mizu shobai *(Wassergewerbe)*

In jenem fernen Frühling, fast am Anfang meiner japanischen Erfahrungen, bereise ich mit dem Nagelmeister die Grüne Linie und beobachte ihn dabei, wie er Pachinko-Salons ausnimmt, um den Gewinn in verqualmten Hinterzimmern beim Mahjong-Spiel einzusetzen. Aber der Reihe nach: Die grüne Linie ist eine U-Bahn-Strecke. Richtig heißt sie Chiyoda Line. Sie zieht sich durch Tokio wie ein Haken schlagender Hase. Seltsame Stationsnamen, *Ayase, Kita Senju, Otemachi, Kokai-Guidomae, Nogizaka;* aber auf den ersten Blick scheint sich jedes Stadtviertel zu gleichen: zu viele Straßen, zu viele Häuser, zu viele Menschen.

    Pachinko ist eine Art hochkant gestellter Flipper, eine Mischung aus Geschicklichkeitsspiel und Geldautomat. Entstanden ist es nach dem II. Weltkrieg in Nagoya, einer Industriestadt südlich von Tokio. Es orientiert sich an den Pinball (Kugelspielen) der Amerikaner. Aus Platzersparnis wird es senkrecht gespielt. Glänzende Stahlkugeln werden von einer Feder in das Spielfeld geschossen. Die Spieler können die Stärke des Abschusses mit einem Handgriff einstellen. Die Kugeln laufen durch ein Labyrinth. Fallen sie in kleine, mit Kupfernägeln gesicherte Auffangstellen, spuckt der Apparat als Gewinn weitere Stahlkugeln aus.

Eine Kugel kostet vier Yen, der Mindesteinsatz beträgt einhundert Yen. Pachinko-Salons sind ein Milliardengeschäft, besucht von allen Schichten der Bevölkerung, hauptsächlich kontrolliert von Koreanern. Gewinne werden in Sachwerten wie Instantkaffee, Zigaretten, Feuerzeuge, Schlipse oder Zahnbürsten ausgezahlt. Da in Japan mit Ausnahme von Pferde- und Bootsrennen Glücksspiele offiziell verboten sind, geht man mit den Sachwerten zu einem nahen, unscheinbaren Kassenhäuschen. Dort werden die Sachwerte in Bares umgetauscht.

Gespielt wird in riesigen Hallen, die nachts im Neonlicht grün leuchten wie Operationsräume. Draußen plärrt über Lautsprecher der Kaiserliche Marinemarsch, drinnen herrscht der betäubende Lärm hunderttausender Stahlkugeln. Im ganzen Land existieren rund 16 000 Pachinko-Hallen; 16 Millionen Japaner spielen regelmäßig das Glücksspiel, geben dafür jährlich umgerechnet über 250 Milliarden Euro aus.

Der Job eines Nagelmeisters – im Japanischen heißt er *kugishi* – ist es, die kleinen Nägel über den Auffangstellen zu justieren, deren Anordnung über Gewinn und Verlust entscheiden. Ein guter Nagelmeister kann aufgrund der Spannkraft der Feder und dem Lauf der Kugeln vorhersagen, ob ein Apparat Gewinne bringt. Ein sehr guter Nagelmeister ist wie ein Automaten-Killer. Jedes System ist zu schlagen.

Er hat einen Kopf wie eine Billardkugel, einen Bürstenschnitt, an den Schläfen die ersten grauen Haare. Seine Augen verstecken sich hinter wulstigen Lidern. Der Oberkörper erinnert an eine geballte Faust, das Ganze wird von kurzen, stämmigen Beinen getragen. Beim Gehen rollt er über dem Innenfuß ab. Obwohl Japaner als gruppenorientierte Menschen gelten, ist er ein Einzelgänger, viele Bekannte, aber keine Freunde, viele Mädchen, aber keine feste Verbindung. Er ist so einsam, wie man in einer Zwölf-Millionen-Stadt nur sein kann.

Er raucht Kette. Kleine, filterlose Zigaretten im Zehnerpack. Auf der Packung stürzt eine Taube ab, die im Schnabel einen Ölzweig hält. Die Zigarettensorte heißt Peace. Am liebsten trinkt er Whisky der Marke Suntory Old. Wenn er sehr betrunken ist oder sehr müde, zieht er das rechte Bein nach. Sportverletzung, lautet seine Erklärung im nüchternen Zustand. Messerkampf, protzt er nach zu vielen Suntory Old.

Seine Heimat liegt im Norden der Hauptinsel Honshu, Aomori, eine Präfektur im Hinterhof Japans. Rollende Hügel, auf deren satten Wiesen Rennpferde gezüchtet werden. Es gibt Obstplantagen mit Hunderten von Apfelbäumen; die Früchte werden in Zeitungspapier eingeschlagen, in deren Schutz sie heranwachsen, rein und makellos. Nahe der Stadt Miwawa unterhält die US-Luftwaffe einen Stützpunkt. Der Nagelmeister spricht verständliches Englisch.

Hochgedient hat er sich in einer der lokalen Gangstersippen. Zuerst Laufbursche, dann Aufreißer in einer Nachtbar, zuletzt furchtloses Mitglied eines Rollkommandos, zuständig für das Eintreiben von Außenständen. Dann ist er in Ungnade gefallen. Hat er den Ehrenkodex verletzt? Ist er rebellisch geworden? Der Nagelmeister schweigt. Ein besiegter Krieg spricht nicht, weiß das japanische Sprichwort. Er hat sich nach Tokio abgesetzt.

Ein Ronin, womit in der alten Zeit ein herrenloser Samurai bezeichnet wurde, jetzt bedeutet es umgangssprachlich einen Arbeitssuchenden.

Als Befürworter des Zwielichts hat er sich in einem Pachinko-Salon verpflichtet, Nagelmeister. Nach einigen Monaten ist ihm der Manager nach einer hitzigen Diskussion in die geballte Rechte gelaufen. Der Schritt zur Selbstständigkeit ist unausweichlich, die neue Tätigkeit folgerichtig: *pachi-puro*, Pachinko-Profi. Tagsüber nimmt er Glücksspielläden entlang der Chiyoda Line aus, nachts verzockt er seine Gewinne beim Mahjong in illegalen Spielhöllen.

Eine neue Stadt, ein neues Leben, aber der gleich Aufzug. Er bevorzugt schwarze Hosen mit weitem Schlag. Dazu die entsprechenden Jackets, weit in den Schultern, eng in der Taille. Blütenweiß das Brusttuch. Seine Hemden sind vernichtende Angriffe gegen den Farbgeschmack: gelb, lila oder hellrot. Seine Seidenschlipse erinnern an Abschleppseile. Um mehr Höhe zu erreichen, trägt er weiße Lackschuhe mit Plateausohlen. Richtig heißt er Hoshi. In Japan wird daraus Hoshi-san, *san* bedeutet Herr, Frau oder Fräulein.

Kennengelernt haben wir uns in einer Kneipe in einer dunklen Seitengasse in der Nähe des Bahnhofs von Shibuya. Mehr eine Spelunke, ein winziger Raum im ersten Stock eines abbruchreifen Holzhauses; drei Rundtische, neun Stühle, kein Tageslicht. Hinter der Theke thront die massige Besitzerin, *Mama-san* gerufen. Sie ist Teil einer Welt, in der nur Schönheit gilt und wo der Verlust der Jugend unter Zuhilfenahme dicker Make-up-Schichten konserviert wird. Vor der Theke hockt auf wackeligen Barhockern die harte Riege der Zecher und kippt Shochu, billigen Süßkartoffelschnaps. Wenig Laufgäste, viel Stammkundschaft.

Der Nagelmeister trinkt teuren Suntory-Whisky. Die anderen Gäste, zumeist unterbezahlte Angestellte oder abgebrannte Tagelöhner, nähern sich ihm unterwürfig. Ich habe ihn schon einige Male gesehen, als wir an einem schwülen Frühlingsabend ins Gespräch kommen. Wir sind die einzigen Gäste. Wir hocken nebeneinander an der Theke. Draußen grollt Tokio wie der leere Bauch eines Löwen. „Ein Ausländer", sagt er scharfsinnig. „Ein Japaner", antworte ich. Er lacht und blinzelt mich von der Seite an. Er trägt ein lichtgrünes Oberhemd. Glücklicherweise ist die Beleuchtung gedämpft.

Er überreicht mir seine Namenskarte mit seiner Telefonnummer, ich gebe ihm die meine. Das Telefon wird unsere Lebenslinie, über die wir unsere Verabredungen treffen. Wir besuchen uns nie Zuhause. Für ein paar Monate sind wir Gefährten der Nacht, Nomaden der Neuzeit, verlorene Seelen in einer Stadt ohne Gnade.

Tokio nach Einbruch der Dunkelheit ist eine völlig andere Welt. Im Schattenreich leben Menschen, die ich vorher nie wahrgenommen habe. Lautlos wie Geister bewegen wir uns durch Räume lärmerfüllter Stille. Selbst im Dunstkreis aus preiswerten Barmädchen, alternden Kurtisanen, finanzschwachen Zockern und großmäuligen Kleinkriminellen findet ein Tanz nach festen Regeln und Etiketten statt, von denen ich zuerst keine Ahnung habe. Selbst nach vielen Monaten Aufenthalt bleibt die Sprache ein Rätsel. Kaum Zischlaute, wie bei den Chinesen, aber häufiger Einsatz des Kehlkopfes und jede Menge Verbeugungen. Nichts für Arthritisgeschädigte. Harte Männer sprechen aus dem Bauch, mehr ein Grunzen, junge Frauen lassen ihre Stimmen steigen wie Singvögel. Ich verbeuge mich häufig, redete wenig, und wenn, dann grammatikalisch falsch. Küchen-japanisch. Vermutlich halten mich die meisten für einen exotischen Trottel.

In Japan wird die Welt der billigen Vergnügungen, der unsicheren Berufe und des schnellen Geldes *mizu shobai* genannt, Wassergewerbe. Obwohl dessen Bewohner in einer Nischenexistenz leben, gelten auch bei ihnen die Lehren der menschlichen Ordnung von Konfuzius als erstrebenswert: Harmonie und Mitte, Gleichmut und Gleichgewicht. *Koshi,* wie die Japaner Konfuzius nennen, scheint in der Unterwelt mehr Fürsprecher zu besitzen als bei den Taggeschöpfen. Konfuzianische Ehrbegriffe bestimmen das Zahlen von Wettschulden, auch wenn sich nicht alle daran halten. Ich weiß nicht, wen ich zu ehren habe, doch ich grunze perfekt: zustimmend, ablehnend, auffordernd.

„Vielleicht haben Sie japanisches Blut in den Adern?", sagt einmal ein Barmädchen. Ihre ondulierten Haare stehen ab wie Speerspitzen. Genug Spray, um sich an den messerscharfen Locken die Hand zu verletzen. Ich verziehe das Gesicht: „Wir sind seit vierhundert Jahren Bauern. Die meisten sind über das nächste Dorf nicht hinausgekommen." *„So desu!",* trillert das Barmädchen bewundernd. Auch im modernen Japan bedeutet die Scholle der Ursprung des Seins. Eine lange Familienlinie verheißt Ehre und Zugehörigkeit. Mag auch die Zukunft eine Reise ins Unbekannte sein, man weiß wenigstens, woher man kommt.

Wie ein fleißiger Fabrikarbeiter geht der Nagelmeister fast täglich seiner Arbeit nach. Betritt er einen Pachinko-Salon, schreitet er die Automatenreihen ab wie ein General seine angetretenen Soldaten. Um unauffällig sein Tätigkeit auszuüben, trägt er billige Schuhe, ungebügelte Hose, diskretes Oberhemd, darüber eine anthrazitfarbene Windjacke. In der Rechten hält er eine mit Kugeln gefüllt Plastikschale, mit der er vielversprechende Automaten füttert. Hat er sich endlich für ein Gerät entschieden, setzt er sich auf den drehbaren, im Boden fest verankerten runden

Plastiksitz mit Rückenlehne und versinkt in einen morphinen Halbschlaf, aus dem er nur ab und zu aufwacht. Eine Cola aus dem Getränkeautomaten, noch 'ne Zigarette.

Die Spielkugeln klackern und langsam füllen sich die Plastikschalen. Tatsächlich erinnert das Spiel an einen Job am Fließband: automatische Bewegungsabläufe, wiederholende Handbewegungen, Eintönigkeit, Lärm, Einsamkeit, einschläfernde Konzentration. Die Maschine und ich, außerhalb dessen existiert nichts. Manche Spieler fixieren mit einem Streichholz den Handgriff, um danach bewegungslos wie Buddha-Statuen vor dem Automaten auszuharren.

Hat der Nagelmeister genug Geld verdient, bereitet er sich auf seine wahre Berufung vor. Wie Pachinko ist auch Mahjong eine Industrie, aber eine auf schmaler Flamme: eigener Spartenkanal im Fernsehen, spezielles Manga-Magazin, Profi-Spieler, Experten und Kommentatoren, die „All Japan Mahjong Business Union". Jedes Jahr besuchen acht Millionen Japaner einen registrierten Mahjong-Club.

In Stadtteilen wie Schinjuku, Ikebukuro und Shibuya gehört das scharfe Klacken der Spielsteine zur nächtlichen Melodie. Spielsalons werden nach zwei Arten unterschieden, *setto* und *furri*. *Setto* bedeutet, dass sich mehrere Personen einen Tisch mieten. Dafür zahlt jeder Spieler rund 500 Yen pro Stunde. Bei *furii* werden unterschiedliche Spieler gemischt, je nach Spielverlauf zahlen sie an das Haus eine gewisse Kommission.

Im Gegensatz zu offiziellen Spielclubs, in denen ein edles Ambiente die Unsittlichkeit der Handlung übertüncht, bevorzugt der Nagelmeister eine geradezu brutale Offenheit: dunkle Kaschemmen, nicht-registrierte Spielhöllen in einsamen Hintergassen, verräucherte enge Kellerzimmer. Die Einrichtung ist

zweckmäßig, das Publikum vertritt den Bodensatz Tokios. Vier
Zocker pro Spiel, wobei es auch eine Mahjong-Version mit drei
Spielern gibt. Die Tische sind quadratisch und mit grünem Filz
ausgeschlagen, darüber schlittern die Spielsteine wie Eisläufer.
Meist benutzen sie 136 Steine, Ziegel genannt, für die Standard-
version.

Ostwind beginnt; Westwind sitzt ihm gegenüber, Südwind zur
Rechten und Nordwind zur Linken. Stundenlang können sie die
zwei Würfel werfen, ihre Mauer bauen, Steine abgeben und auf-
nehmen, um ein vollständiges Spielbild aus wertvollen Figuren
zu formen. Hat jemand ein Bild aus vier Figuren und einem Paar
gebildet, ruft er „*Maajan!*" und das Spiel ist beendet. Yen-Scheine
flattern auf den Tisch und werden vom Gewinner freudestrahlend
eingestrichen. Zehn Prozent vom Gewinn gehen ans Haus für
das Bereitstellen der Örtlichkeit.

Kibitze werden in Ausnahmefällen geduldet. Still sitze ich
außerhalb des Lichtkreises, der die Spieltische ausleuchtet, und
beobachte die Aufführung. Zwar frotzeln die Männer miteinander,
aber in Wirklichkeit verfolgen sie das Spiel mit ernsthafter Inten-
sität. Immerhin geht es um ihr Geld. Mittel-schöne Serviererinnen
sorgen für einen steten Nachschub an billigen Alkohol. Respektvoll sprechen sie den Nagelmeister mit *o-nii-san* an, Herr Älterer
Bruder. Er ruft sie nur *oi,* das japanische „he, Du!".

Ihrem Wesen nach sind Spieler zielstrebige, egozentrische
Individuen. Nichts kann das ändern, es liegt in der Natur des
Spiels. Nur wenn sie gewinnen, neigen sie dazu, fürsorglicher
zu handeln und zivilisierter aufzutreten.

Hat der Nagelmeister eine Gewinnsträhne, lädt er großzügig
seine Kumpane zum Mittrinken ein, stundet Mitspielern schon
mal ihre Wettschulden. Der Ältere Bruder, flüstert mir einmal

ein Barmädchen zu, sei hara ga okii. Der Begriff hat die Bedeutung von dickbäuchig, meint aber großherzig. In Japan ist nicht das Herz, sondern der Magen Sitz tiefster Gefühle. Buddha ohne Bauch ist eine Figur aus dem Armenhaus.

Im Reich der unregistrierten Spielhöllen sind die Wetten hoch. Am Abend können schon mal einige hunderttausend Yen draufgehen. Geldscheine flattern mal hierhin, mal dorthin. Das Glück ist ein unsteter Freund. Vor Mitternacht, bevor die letzte U-Bahn fährt, drängen alle zum Aufbruch. Jeder schläft für sich allein.

Als ich ein Jahr später wieder in Tokio einfliege, ist der Nagelmeister wie vom Erdboden verschluckt. Keine Antwort unter der vertrauten Telefonnummer. Am zweiten Abend fahre ich zu unserer alten Stammkneipe. Das vertraute Ambiente, der vertraute Geruch: altes Holz und scharfer Kartoffelschnaps. „Herzlich willkommen!", ruft Mama-san automatisch. Als sie mich erkennt, zerlegt sie ihr Gesicht in ein Lächeln, das aufrichtig wirkt. Was mit Hoshi-san passiert ist? „Heimgekehrt", sagt sie. An diesem Abend trinke ich allein. Es schmeckt nur halb so gut.

Ich besitze keine Fotos vom Nagelmeister, aber wenn ich die Augen schließe, sehe ich Bilder: Morgens um fünf in einem gähnend leeren S-Bahn-Wagen, der Nagelmeister nach einer durchzechten und durchzockten Nacht. Er hält sich an einem Nylongriff fest, die Beine fest verankert, um den schwankenden Wagon auszugleichen. Grau sein Gesicht und die Augen ohne Leben: Heim kommt der Jäger von der Jagd und der Seemann von der See und der Nagelmeister aus einer Spielhölle. Japan ohne Menschenmassen. Nur noch der Nagelmeister, erschreckend schön in seiner Einsamkeit. Noch ein Bild: Der Nagelmeister, wie er eines Nachts in Shinjuku in eine riesige Wasserlache tritt. Der Schuh, aufspritzendes Wasser, kleine Wellen, die die grellen, sich widerspiegelnden Neonreklamen verschwinden lassen. Tokio, ein Traumgebilde. Nichts ist von Dauer.

Nachtrag. Nagelmeister existieren längst nicht mehr. Längst läuft das Spiel nicht mehr elektromechanisch. LCD's haben die mechanischen Anzeigen ersetzt, die Automaten sind hochcomputerisiert. Die einzigen Glücksspieler, die das System schlagen können, müssen stumpfsinnige IT-Experten sein, über die man keine Geschichten schreiben kann.

Pachinko online: www.realmoneygames.org/games/pachinko
Wie man Pachinko spielt: http://bit.ly/WpSOfZ
Mahjong-Nachrichten, Tournamente, Kolumnen in Englisch:
reachmahjong.com/en
Regeln für japanisches Mahjong (in Englisch):
www.japanesemahjong.com

Von backenden Männern und Luxus-Toiletten

sai zen *(das Beste)*

Schöner Gedanke, die besten Dinge aus zwei Welten zusammenzuführen. Vier Japanerinnen mit Wohnsitz in Deutschland wurden gefragt, was sie aus ihrer alten Heimat vermissen – und was im neuen Zuhause lobenswert ist?

	Japan	Deutschland
Yoko Suzuki (48):	Essen	Natur
	heiße Bäder	Weihnachtsmärkte
	Höflichkeit	Zentralheizung
	Kirschblüte	Fahrradwege
	Einkaufen	Autobahn
Yuri Asano (33):	Essen	individuelle Freiheit
	Einkaufen	langer Urlaub
	Höflichkeit	Lob in der Familie
	heiße Bäder	Autobahn
	O-bento (Lunchbox)	Bier & Wein
Kimiko Murata (49):	Essen	Ehrlichkeit
	Warmherzigkeit	Umweltbewusstheit
	Technologie	Mut gegen die Macht
	Landschaft	Ordnung
	alte und neue japanische Kultur	Natur und Kultur
Keiko Nishida (34):	Essen	unkompliziertes Besuchen
	Washlets, Toiletten mit eingebautem Bidet	die vielen Brotsorten Rauchverbot
	öffentl. Verkehrsmittel	in Restaurants
	Einkaufen am Sonntag	kochende und
	keine Trinkgelder	backende Männer
		Wanderspaß für alle

SEITEN FÜR DIE SEELE

Natürlich ist es finanziell lohnenswerter, wenn Sie den Wirtschaftsteil der Zeitung lesen und die Börsenkurse studieren. Dafür kommen Sie bei den folgenden fünf Büchern garantiert ins Träumen.

kaiko *(Nostalgie)*

Die Privatbibliothek quillt über mit Nachschlagewerken, Romanen, Sprachführern, Enzyklopädien, Abhandlungen, Biographien und Bildbänden. Versammelt ist Klassisches, „Die Geschichte Genji", Merkwürdiges, „Die Japaner und die Juden", Widersprüchliches, „Japan als Nummer 1", „Japan alles andere als Nummer 1", Offensichtliches, „Japan wie es ist", Dramatisches, „Japan hinter dem Chrysanthementhron", und Spannendes, „Geständnisse eines Yakuza". Was aber würde der Schreiber wählen, dürfte er nur jene Bücher aussuchen, die auf perfekte Weise die träumerischen Darstellungen eines längst versunkenen Japans präsentieren? Hier eine Auswahl:

Matsuo Basho: Auf schmalen Pfaden durchs Hinterland

Geboren wird er 1644 in Ueno, Hauptstadt der Provinz Iga. Sein Vater ist Samurai niederen Ranges. Doch nicht die zwei Schwerter eines Kriegers bestimmen die Zukunft des Sohnes, sondern Pinsel und Tusche. Ein Mann auf der Suche nach dem Sinn des Lebens: Er studiert chinesische Dichtung und Kalligrafie, betreibt taoistische Studien, ist Laienmönch des Zen-Buddhismus. Einige Monate arbeitet er beim städtischen Wasserbauamt seiner Heimatstadt. Er benutzt mindestens vierzehn verschiedene Künstlernamen. Im Jahre 1672 erscheint seine erste Gedichtsammlung. Er ist Verfasser zweier Reisetagebücher, deren Titel in der deutschen Übersetzung so lauten: „Reisebericht eines Skeletts auf der Heide" (1685), „Wallfahrt nach Kashima" (1687). Im Frühjahr des Jahres 1689 flickt Matsuo seine Wanderhose und wechselt das Band seines Schirmhutes. Gegen die Nachtkälte packt er ein Papiergewand, außerdem Badekimono und Waschzeug. In seinen Gürtel steckt er das verschließbare Tuschkästchen und Schreibpinsel. Er schnürt die Bänder seiner Strohsandalen und legt einen Umhang aus Reisstroh über die Schultern. Am siebten Tag der letzten Dekade des Dritten Monats bricht er auf. Er will das Ende der Welt erkunden. Basho geht, um ein Ideal zu finden. Er folgt den verwischten Spuren buddhistischer Mönche, die lange vor ihm von Indien nach China aufgebrochen waren, Verkünder einer neuen Religion, demutsvoll, asketisch. Wandern als Selbstzweck. Das Leben reduziert auf den Weg.

Es ist kein leichtes Unterfangen. Er ist sechsundvierzig Jahre alt und nicht besonders gesund. Er laboriert an einem Magenleiden. Er hat Hämorrhoiden. Am ersten Wandertag notiert er in seinem Tagebuch: „Erstmals spüre ich die Last, die meinen abgemagerten, knochigen Schultern aufgebürdet wurde." Begleitet wird Basho von seinem Freund und Schüler Kawai Sora. Der fungiert auch als Reisemarschall und Tagebuchschreiber. Der Meister philosophiert, sein Schüler hält sich ans Faktische: Wie viele Meilen sie zurückgelegt haben, den täglichen Wetterbericht, die Namen der Gastgeber. Die Route führt nordwärts, entlang des Pazifiks, von dort hinüber zur Westküste, zum Japanischen Meer. Einhundertfünfzig Tage und zweitausendvierhundert Kilometer später beendete Basho seine große Wanderung durch die Nordprovinzen. 1702, acht Jahre nach seinem Tod, erschien in Kyoto das Tagebuch seiner Reise. Es heißt *Oku no hosomichi* (Auf schmalen Pfaden durchs Hinterland). Ein dünnes Buch nur, manchmal banal und nüchtern, dann wieder faszinierend und lyrisch, eine Mischung aus Prosa und Reportagen, Poesie und Alltäglichem. Geschichten wie Tuschzeichnungen.

Kamo no Chomei: Aufzeichnungen aus meiner Hütte

Der Anfang des schmalen Bandes könnte auch von einem stressgeplagten Manager mit klassischer Bildung stammen, den plötzlich die buddhistische Selbsterkenntnis überfällt: „Unaufhörlich strömt der Fluss dahin, gleichwohl ist sein Wasser nie dasselbe. Schaumblasen tanzen an seichter Stelle, vergehen und bilden sich wieder – von großer Dauer sind sie allemal nicht. Gleichermaßen verhält es sich mit den Menschen und ihren Behausungen."

Der dies schreibt, heißt Kamo no Chomei. Geboren wird er im Jahre 1153 oder 1155. Ein Mann mit vielversprechenden Zukunftsaussichten am Kaiserlichen Hof: der Vater, Leiter eines Shinto-Schreins in Heian-Kyô, dem heutigen Kyoto, das unter der direkten Schirmherrschaft des Tennos steht; ihm selbst wird bereits im Alter von sieben Jahren ein Rang bei Hofe verliehen.

Leidenschaftlich widmet er sich der Dichtkunst und der Musik. Er gibt eine Sammlung mit 106 Gedichten heraus. Sein Spiel auf der *biwa,* der vier- oder fünfsaitigen Kurzhalslaute ist berühmt.

Aber dies ist nicht das Zeitalter der geraden Wege und friedlichen Entwicklung. In Japan herrscht eine Epoche der politischen Umwälzungen und des gesellschaftlichen Verfalls. Am Kaiserhaus kommt es zu kriegerischen Kämpfen zwischen verschiedenen Gruppierungen.

Immer mehr verdrängt die asketische Lebenshaltung der Samurai die höfische Kultur der Heian-Zeit. Zahlreiche Klöster werden im Verlauf der Auseinandersetzungen zerstört. Es entsteht eine zentrale Militärbehörde, die immer mehr Macht an sich zieht. Die Hauptstadt wird für einige Zeit von Kyoto ins heutige Kobe verlegt. Naturkatastrophen und Seuchen suchen das Land heim. Weltuntergangsstimmung macht sich breit.

Chomeis Vater verliert seinen wichtigen Posten. Nach dem Tod des Vaters lebt der Sohn viele Jahre zurückgezogen auf dem Familienanwesen. Statt, wie erwartet, zum Shinto-Priester des Tadasu-Schreins ernannt zu werden, übernimmt sein Cousin die Aufgabe. Auch die Stellung als Dichtkunstlehrer des jungen Shoguns kann Chomei letztendlich nicht antreten. Dann beginnt er, seine Spuren in der Welt zu verwischen. Mit 60 Jahren verabschiedet er sich von Familie und Freunden und wird Laienmönch. Die Suche nach dem einfachen Leben endet 1209 auf dem Toyama-Berg, südlich von Kyoto. Ein alter Freund des Hauses stellt ihm ein Plätzchen für seine Einsiedlerklause zur Verfügung: „Hier nun kam es soweit, dass der Tau der sechzig Lebensjahre sich anschickte dahinzuschwinden und wieder baute ich eine Hütte, die letzte. Es ist gleichsam, als baute ich die Unterkunft eines Wanderers für die Nacht ...“

Das neue Heim hat gerade mal eine Größe von zehn Fuß und eine Höhe von sieben Fuß. „Das Alter wird von Jahr zu Jahr höher, die Behausung wird von Mal zu Mal kleiner." Aus Adlerfarn besteht die Schlafstelle, die kleine Veranda, mit dem Sims für Opfergaben, aus Bambus. Er lässt sich von den Jahreszeiten verzaubern, macht lange Wanderungen mit dem Sohn eines Waldhüters, der in der Nähe wohnt. In seiner Einsiedlerklause musiziert und dichtet er: „Ich spiele allein, ich singe allein, und dies dient lediglich der Erquickung meines eigenen Herzens." Die Jahre vergehen und am Ende bleibt nur eines: „So setzt sich nur meine Zunge in Bewegung, und ich begnüge mich damit, den Namen Amida Buddhas, ohne Ansinnen, zwei-, dreimal zu singen."

www.teeweg.de/de/literatur/kamo

Yashida Kenko:
Das Tsurezuregusa – Betrachtungen aus der Stille

Scheinbar hat er sich über alles Gedanken gemacht und zu jeder Sache eine klare Meinung gehabt. Fundiert schreibt er über Innenarchitektur: „Eine hohe Decke macht das Zimmer kalt und das Lampenlicht trüb." Sachkundig wettert er gegen die Globalisierung: „Ich halte es für ein sinnloses Treiben, dass man so unnütze Fracht unaufhörlich auf die Schiffe lädt und in gefährlicher Fahrt zu uns herüberbringt." Versiert verrät er, dass nur dreierlei Arten von Menschen gute Freunde sein können: „Erstens: großherzige Menschen, die gerne schenken; zweitens: Ärzte; drittens: kluge Leute." Er mokiert sich über biedere Neureiche: „Es ist seit alten Zeiten kaum geschehen, dass ein Weiser über Reichtum verfügte", und äußert sich beschwingt über die Freuden des Unterwegsseins: „Irgendwohin eine Reise zu machen ist so erfrischend wie ein Erwachen aus dem Schlaf."

Notiert hat all dies Yashida Kenko, geboren vermutlich im Jahre 1283, gestorben mit Bestimmtheit 1350. Sein Vater ist ein hoher Verwaltungsbeamter, er selbst wird Hofmeister bei einer Adelsfamilie, dient später als Offizier der Kaiserlichen Palastwache und gilt als bedeutender Dichter seiner Zeit. Vierzigjährig tritt er in den Mönchsstand. Seine letzten Lebensjahre verbringt er auf einem Hügel in der Nähe der Hauptstadt Kyoto in einer selbstgebauten Hütte. Nach seinem Tod stellt der Dichter und Gelehrte Imagawa Roshun aus Kenkos Nachlass ein Buch zusammen. Er nennt es *Tsurezuregusa* – Betrachtungen aus der Stille. In Japan zählt das Buch zur Kunstgattung der „Zuihitsu", der spontanen, „dem Pinsel folgenden" Aufzeichnungen, in denen der Autor Zwiesprache mit sich selbst hält.

Im 17. und 18. Jahrhundert gibt man das Buch einer Braut als kostbares Bildungsgut in die Ehe mit. Bis heute wird das Werk als Klassiker an höheren Bildungsanstalten gelehrt, unverstanden und verhasst von den meisten Schülern. Sie sind in einem Alter, in dem das Leben endlos scheint und der Tod nur eine sehr ferne Abendröte. Weiß man aber um die Vergänglichkeit von allem Irdischen, führt das *Tsurezuregusa* in jene fruchtbare Stille, in dem der Mensch zugleich einsam und wohlig zufrieden ist. Letztendlich, verraten uns Kenkos Notizen, Aufzeichnungen und Skizzen über Liebe und Mönche, alte Bräuche und neumodische Torheiten, über Gier und Verzicht, geht es allein darum, sich mit der Unbeständigkeit des Daseins abzufinden und sich in rechter Weise auf das Sterben vorzubereiten. Und sich in allen Dingen jene Herzensreinheit zu bewahren, die einen wahren Menschen auszeichnet: „... wer sich schon bei kleinen Dingen ängstigt, gerät mit den Menschen in Streit und wird verletzt. Geht einer aber großzügig und sanft vor, wird im kein Schaden angetan."

Boskushi Suzuki: Leben unter dem Schnee

Noch so eine dieser Lebenslinien, die scheinbar von Kommerz und Handel vorbestimmt ist und aus der doch ein spannendes Schicksal wird. Zur Welt kommt er 1770 in Shiozawa in der Provinz Etchigo, die heute Niigata heißt. Wie sein Vater verdient er seinen Unterhalt als Pfandleiher und Seidenkrepphändler, er ist Dorfführer und Großgrundbesitzer, gleichzeitig aber auch Poet, Maler und Schriftsteller. Von seinem verschlafenen Provinzdorf aus führt er eine umfangreiche Korrespondenz mit angesehenen Dichtern, Malern und Gelehrten der chinesischen Literatur. Für sich selbst wählt er den Dichternamen *Shugetsu-An Bokusui*, was soviel bedeutet wie „Rundmondklause Weidewasser". Mit 50 Jahren bekommt er eine schwere Ohrerkrankung, an der er beinahe ertaubt. Als Hörrohr benutzt er eine Trompetenschnecke, was ihm den Spitznamen „Trompetenohr" einträgt. Turbulent verläuft sein Familienleben. Er ist sechsmal verheiratet. Die letzte Ehe dauert gerade mal vier Wochen, als die Gattin mit einem jungen Bediensteten verschwindet.

Berühmt wird er für die Aufzeichnungen aus seiner Heimatprovinz Etchigo: „*Hokuetsu Seppu*", Schnee-Symphonie, nennt Suzuki sein Werk. Es besteht aus sieben Büchern. Das erste Buch erscheint 1835 in Edo, dem heutigen Tokio. Obwohl die meisten Verleger überzeugt sind, kein Leser würde sich für Schnee interessieren, wird die Neuerscheinung überraschenderweise ein Bestseller. Vorgestellt wird eine völlig unbekannte Welt, ein Japan, von dem die meisten Menschen noch nie gehört haben. Es ist ein

Gebiet, in dem der Winter im Oktober beginnt, und bis in den Juni das Land in Atem hält. Schnee türmt sich vier bis fünf Meter hoch, sodass die Menschen gezwungen sind, zwischen ihren Häusern Tunnel anzulegen. Frauen tragen keinen Kimono, sondern Schneehosen und ein Hutcape, das bis zu den Knien reicht. Jeden Morgen muss die weiße Pracht von den Dächern aus Pampasgras entfernt werden, damit diese nicht einbrechen. In einfachen, klaren Sätzen berichtet Suzuki über die Schönheit der Natur und die Härten des Lebens, über die Herstellung von Kleidern aus Steinflachs, die Bärenjagd im Vorfrühling, über Lawinen und Garnspinnen, Eiszapfen und selbst hergestellte Schneeschuhe, Begräbnisse und Schreinfeste. Das Gewöhnliche und Alltägliche wird von Suzuki in den Rang des Schönen emporgehoben. Die Poesie seines Buches ist zugleich die Wirklichkeit, die er beschreibt.

Jean Vodoz: Im milden Licht der Kirschblüten

Im Jahr 1924 wird der Schweizer Ingenieur René Vodoz für vier Jahre in die japanische Hafenstadt Kobe geschickt, um als Vertreter der Firma Brown Boveri den Markt für thermische Maschinen zu erschließen. Begleitet wird der junge Mann von seiner Ehefrau Nelly und dem zweijährigen Sohn Jean. Im Gepäck hat er auch eine Kamera. Vodoz ist begeisterter Amateurfotograf. Sechs Alben mit rund 1600 Schwarz-Weiß-Bildern werden das Ergebnis seiner Faszination mit dem fremden Land sein.

Genau 80 Jahre nach dem Aufbruch des Vaters in den Fernen Osten veröffentlicht der Sohn ein Buch mit einer Auswahl der besten Fotos. Was sie von den professionellen, kommerziellen Japanaufnahmen eines berühmten Fotojournalisten wie zum Beispiel dem Italiener Felixe Beato unterscheidet, ist der private, intime Charakter der Bilder. Vodoz versucht nicht besserwisserisch eine fremde Weltgegend, ein anderes Volk mit unterschiedlichen Sitten für ein heimisches Publikum bildlich erfahrbar zu machen. Er präsentiert keine Schauobjekte, sondern zeigt einfach nur das, was er sieht, was ihm begegnet.

Was die Fotos besonders demonstrieren, ist die damalige überwältigende Divergenz zwischen West und Ost. Das Vertraute sind Bilder aus dem westlichen Leben in einer östlichen Welt: die viktorianischen Villen der fremden Experten, in denen eine überladende Einrichtung einem den Atem nimmt; die Schweizerkolonie feiert im „Tor"-Hotel in Kobe am 1. August Nationalfeiertag: die Männer in Tropenanzügen, ihre Frauen in hellen, eleganten Sommerkleidern, viele Teilnehmer haben einen Fächer mit dem Schweizerkreuz in der Hand. Wie weit entfernt von Japan liegt das alles, wenn Vodoz über das Land reist und die Andersheit der Anderen dokumentiert. Wir erblicken japanische Bäuerinnen beim Reispflanzen, einen Bauern, der mit seiner hölzernen Wassertretmühle ein Feld flutet. Zu sehen sind Alltagsszenen von Menschen, die längst nicht im rasenden Industriezeitalter angekommen sind. Festgehalten sind Bettler und Weberinnen, fahrende Händler, ein rastender Kuli, Träger, die stinkende Hausjauche auf hölzernen Schulterstangen zu den Feldern transportieren. Alle haben Gesichter von großer Klarheit und scheinen in sich selbst zu ruhen. Man schaut auf Antlitze und Landschaften und fragt sich: Hat es dieses Land wahrhaftig einmal gegeben? War es tatsächlich so ruhevoll, so idyllisch? Hatten Japaner wirklich so viel Zeit?

http://bit.ly/USwACa

DER LETZTE STOPP VOR DEM MOND

Zwischen antihierarchischem Wachstum und progressiver Anarchie: Portrait einer außergewöhnlichen Metropole.

Tokyo kokyo kyoku *(Tokio Sinfonie)*

Erschreckt und gefesselt, fasziniert und abgestoßen, bewegt sich der Neuankömmling durch eine elektrisierende Kulisse: Holzhäuser, Glaszitadellen, stählerne Festungen, Asphaltwüsten. Tokio wird zum Ort fundamentaler Erfahrungen: verirren, suchen und nicht finden. Die Stadt ist keine geordnete städtebauliche Komposition, es herrscht die Freiheit der Regellosigkeit. Gesichtslose Häuserzeilen stehen Spalier. Der Himmel hängt voller Strom- und Telefonleitungen. Auf Flachdächern erobern riesige Reklametafeln den Luftraum.

Tokio ist eine bizarre Mischung aus Postmoderne und Anarchie, aus Verinnerlichung und Exzentrizität, aus Stillstand und Beschleunigung. Unvereinbarkeit und Widersprüchlichkeit werden eins: Übervölkerte Boulevards und einsame Gassen, sechsstöckige Mietzeilen, deren Hässlichkeit mit ihrer Funktionalität entschuldigt wird, und verschwiegene Tempel. Dreistöckige Hochstraßen, die brachial alte Stadtteile zerstückeln, verzauberte Parks mit Moosgärten und Steinlaternen. Manchmal entdeckt man in dem Wirrwarr aus Menschen und Dingen einen Bettelmönch. Er trägt einen breiten Bambushut, der sein Gesicht verdeckt. Er hält eine Schale, in der er Almosen sammelt. Er schweigt gegen den Lärm der Welt.

Luftbilder und Luftschlösser

Die geistige Mitte Tokios sind 110 Hektar Grund in bester Lage. Der Kaiserpalast ist ein grünes Paradies aus Ahorn-, Kirschbäumen, Kiefern und Pinien, begrenzt von mächtigen Mauern und Wassergräben. Kein Straßentunnel, keine U-Bahnlinie darf den heiligen Boden durchschneiden, kein Hubschrauber den Luftraum durchfliegen.

Dies war einmal die größte Burg der Welt. Damals reichte das Meer bis vor die Mauern, heute liegt es zehn Kilometer weit entfernt. Damals erhob sich eine prächtige Holzresidenz, die bei den Bombenangriffen 1945 völlig zerstört wurde. Der neue Wohnpalast, er wurde erst 1961 errichtet, ist ein niedriger Betonbau mit grünen Dächern. Er trägt den archaischen Namen *Fukiage-Gosho*, was bedeutet: „Odem erhebende, erhabene Stätte".

Nur zum Geburtstagsfest des Kaisers am 23. Dezember und zum Neujahrsfest am 2. Januar, wird das Tor hinter der Shakkyo-Brücke geöffnet. Menschenmassen schreiten über breite Kieswege zum Ostgarten. Die kaiserliche Familie winkt vom Chowaden-Balkon. Die Besucher rufen „*Banzai!*", was „Zehntausend Jahre" bedeutet. Die Gäste verbeugen sich, der Tenno verbeugt sich, und wieder ist ein Jahr vergangen.

Um Nippons Gralsburg ziehen sich in konzentrischen Ringen die bedeutendsten Zentren von Macht und Geld. Im Südwesten erhebt sich das pyramidenförmige Parlamentsgebäude, im Süden liegen die wichtigsten Ministerien. Dort, wo einst die Paläste der Feudalherren lagen, erheben sich heute die Hochhäuser des Geldadels: Marunouchi, westlich des Kaiserpalastes, ist der Sitz von Handelshäusern, Banken und Versicherungen. Eine kurze Fußstrecke von hier ist es zur Ginza, Tokios teuerster Einkaufsmeile.

Wer Linien erkennen will, Strukturen und Abgrenzungen, muss hoch hinaus. Die schnellste Fahrt in den Himmel wird im Stadtteil Ikebukuro angeboten: in 35 Sekunden von Null auf 240 Meter Höhe. Zischend stoppt danach der Expresslift im 60. Stock des Sunshine-60-Hochhauses, der Besucher betritt die Aussichtsplattform und fühlt sich verloren wie Alice im Wunderland. Selbst beim Blick von hier lässt sich die Stadt nur Auszugsweise erfassen. Was wir sehen, ist nicht das neutrale Abbild der Realität, sondern eine Wunschgestalt aus Konturen, Licht und Schatten.

Die Augen verlieren sich in einer architektonischen Wildness aus Schachteln, Quadraten, Rechtecken und Vierecken, aus Häuserschluchten, Straßenlabyrinthen, Betonburgen und Asphaltgräbern: Südlich erheben sich die Hochhausansammlungen von Shinjuku, überall breiten sich gesichtslose Wohnsiedlungen aus, ziehen riesige Kaufhäuser Konsumentenströme an. Kleine grüne Oasen werden von Büroburgen eingekreist: Komagome Park im Osten, die Gärten und Parks von Bunkyo und das grüne Eiland der Gakushjuin-Universität im Süden.

Hochstraßen zerteilten wie Achsen den Raum, Straßenlabyrinthe beginnen im Nichts und enden im Nirgendwo. Eisenbahngleise sind die Notenlinien der Großstadtsymphonie: Von Norden nach Süden durchschneidet das stählerne Band der Yamamote-Linie das Häusermeer. Die Schnellstraße Nr. 5 schlägt eine bracciale Furche. Nachts überzieht Schwärze den Himmel, aber drunten bilden Straßenlaternen, Autolichter und Neonreklamen weiße, rote und purpurne Flüsse. Verkehrslärm rollt wie ferne Brandungswellen aus den Straßenschluchten.

Raum ist kostbarer als Geld. Das sorgt für skurrile Bauformen: untertunnelte Friedhöfe; ein Kino in einem Brückenpfeiler; Fahrschulen auf den Flachdächern von Einkaufszentren; Driving Ranges und Fußballplätze auf Hochhäusern, eingesponnen in giftgrünen Nylonnetzen. Selbst Obdachlose müssen Schlange stehen, um nach Ladenschluss vor dem überdachten Schaufenster eines Kaufhauses einen Schlafplatz zu ergattern.

Jedem Stadtplaner seinen Ismus

Architekten, Städte- und Landschaftsplaner dürfen sich ungehemmt dem jeweiligen Ismus hingeben: Dekonstruktivismus, Postmodernismus, Biomorphismus. Vorherrschend bleibt das Labyrinth, Kurven und Linien triumphieren über die Gerade. Was nicht erklärbar ist, wird mit post-modernen Worthülsen gedeutet. Städteplaner sprechen von einem „antihierarchischen Wachstum". Beliebt ist auch der Begriff des „organlosen Körpers", also eines sich selbst produzierenden Produkts. Architekten versuchen die Chaos-Theorie aus Mathematik und Physik auf Tokio zu übertragen. Der Architekt Kazuo Shinohara schwärmt von der „Schönheit der progressiven Anarchie" Tokios.

Einer dieser anarchischen Plätze heißt Shinjuku. Ein Stadtteil als Sinnbild straffer Organisation und grandiosem Chaos. Der Bahnhof von Shinjuku, ein kastenförmiger Zweckbau, ist einer der wichtigsten Verkehrsknotenpunkte der Hauptstadt: zwei U-Bahnen, sechs staatliche und drei private Bahnlinien. Durch die 60 Ein- und Ausgänge strömen täglich 1,23 Millionen Reisende. Am Wochenende ist kein Durchkommen. Aus den U-Bahn-Schächten drängt sich an Wochenenden eine kompakte Masse vergnügungssüchtiger Studenten, Sekretärinnen und Angestellten. Über riesige Bildtafeln flackern Nachrichten und Werbespots. Es riecht nach Abgasen und frittierten Tintenfischen.

Nichts ist umsonst, alles kostet Geld. Die Telefonzellen sind vollgelegt mit den Broschüren von Liebeshotels, Telefonsex-Anbietern und den schwülstigen Versprechungen angeblich minderjähriger Hostessen. Auf lilafarbenen Visitenkarten prangen elegante Schriftzeichen, die ästhetischen Formeln des angeblich verinnerlichten Osten. Tatsächlich sind es Werbekarten von Läden, die gebrauchte Teenagerhöschen verkaufen.

Westlich des Bahnhofs liegt Tokios Manhattan. Banken, Versicherungen und Hotels verstellen den Blick zum Himmel. Dazwischen erheben sich die 243 Meter hohen Doppeltürme des Rathauses. Das Alterswerk von Stararchitekt Kenzo Tange besteht aus drei Gebäudekomplexen, 48 Stockwerke hoch, über 600 Millionen Euro teuer, Arbeitsplatz für 14 000 Angestellte.

Jeder definiert die Stadt auf seine Weise. „Tokio ist eine Stadt der Fassaden, der gipsernen Treviabrunnen, der mittelalterlichen Burgen aus Beton, der altenglischen Pubs", spöttelt der holländische Schriftsteller Ian Buruma. Der Amerikaner Donald Richie preist in einem seiner Essays: „Die Stadt ist lebendig wie kaum eine andere. Sie wächst und verwandelt sich nach ihren eigenen Gesetzen. In dem sie dieses tut, befriedigt sie eine der tiefsten Sehnsüchte der Menschen – das Bedürfnis nach permanentem Wandel." Für den englischen Architekten Peter Popham ist Tokio einfach nur „der letzte Stopp vor dem Mond".

Und wie klingen die japanischen Urteile? „Es scheint", schreibt der Autor Kafu Nagai, „als würden wir Japaner nicht die Befähigung besitzen, eine Stadt zu bauen." Für den Romancier Abe Kobo ist Tokio „eine grenzenlose Zahl von Dörfern. Diese Dörfer und ihre Menschen erscheinen alle identisch. Soweit man auch geht, man bleibt immer dort, wo man begann. Und wo immer man in Tokio ist, man verirrt sich".

Menschen, Trends und die Suche nach dem Nichts

Die Selbstverwaltungseinheit Tokio besteht aus 23 Bezirken, 26 großen Städten, sieben kleinen Städten, acht Dörfern und sieben Inseln. Auf einer Fläche von 2.186,90 Quadratkilometern leben rund zwölf Millionen Menschen. Durch Pendler aus den umliegenden Präfekturen steigt die Zahl tagsüber auf über 15 Millionen Menschen. Tatsächlich erstreckt sich der Ballungsraum Tokio über acht Präfekturen, bildet das weltweit größte zusammenhängende Agglomerat mit 36,5 Millionen Menschen.

Wer hier wohnt, überlebt nur, wenn er lebt, um zu arbeiten. Die Metropole erlaubt keinen Stillstand. Müßiggänger existieren nicht. Bewegungslosigkeit ist der Tod. Es herrschen das Diktat der Ruhelosigkeit und der Beschleunigung. Nichts ist von Dauer, alles den wechselnden Winden des Massengeschmacks unterworfen. Tokio erfindet sich immer wieder aufs Neue. Trends – *trendo* im Japanischen – sind der Motor des heimischen Bruttosozialprodukts.

Tokioter ruhen nicht in sich selbst, sondern sind auf der immerwährenden Suche nach wechselnden Wahrheiten und neuen Modeströmungen. Konsum wird zur Ersatzreligion: englischer Landhaus-Stil, amerikanischer Hip Hop, koreanische Fernsehdramen, deutsche Müllverwertungssysteme, österreichische Torten – alles wird ausprobiert, benutzt, verworfen. Auf einmal lässt sich die Mehrzahl weiblicher Büroangestellte die Haare rot färben, irgendwann sind Trattorias in, plötzlich pilgern alle in heiße Bäder.

Tokios Bewohner, aufgewachsen in überfüllten U-Bahnen, groß geworden im Gedränge, gestählt im Menschengewühl, gelten als Pragmatiker des Seins. Ungerührt schreiten sie durch einen Klangvorhang aus Autohupen, Presslufthämmern und den Glockenspielen der Fußgängerampeln. Ihre Schnelligkeit richtet sich nach der Taktfrequenz der U-Bahnen. Niemand sieht erschöpfter aus als ein müder Tokioter. Der japanische Künstler Tadanori Yokoo sagt: „Wenn ich durch die Straßen Tokios wandere, ist es nicht unüblich für mich, hin und her zu schwanken, als würde ich von einer Krankheit genesen."

Wer Glück hat und Geld, zieht sich an die Peripherie zurück und siedelt sich in einem der neuen Wohngebiete an. In Kiba, an der Tokio-Bucht, besitzen Herr und Frau Ikeda seit Kurzem eine Eigentumswohnung: vier Zimmer, Küche Bad, 103 Quadratmeter, für umgerechnet 492 000 Euro. Weil es mehrere Bewerber gab, wurde von der Immobiliengesellschaft eine Verlosung anberaumt. Als einziger Barzahler erhielt Herr Ikeda, nicht gerade überraschend, den Zuschlag.

Das Apartment ist Teil eines Wohnsilos mit Namen „Newton Place" und hat rein gar nichts mit dem englischen Physiker zu tun. Die Anlage besteht aus drei Blocks mit jeweils 22 Stockwerken und sieben Wohneinheiten pro Etage. Die Hausordnung besitzt den Umfang des Telefonbuchs einer deutschen Kleinstadt. Haustiere sind zwar erlaubt, müssen aber in der gesamten Anlage – Fahrstühle inklusive – getragen werden. Was den Besitz von Schäferhunden erschwert. Strengstens untersagt ist das Auslüften der *futon*, also der Oberbetten, auf dem Balkongeländer.

Herr und Frau Ikeda sind glücklich im neuen Heim. Zwar haben sie kaum soziale Kontakte, kennen die Nachbarn nur vom

Grüßen, es fehlen Schulen und Kindergartenplätze, aber dafür sind sie von den Annehmlichkeiten der Neuzeit umgeben. Besonders die Fußbodenheizung hat es ihnen angetan. Die beiden arbeiten als hochdotierte Mitarbeiter bei einer Investmentfirma. Sie sind die typischen Vertreter einer Generation, in der der Wert des Einzelnen nicht daran gemessen wird, was er darstellt, sondern daran, was er hat. Herr und Frau Ikeda machen Auslandsreisen nach New York und Frankreich, besitzen Designerklamotten, iPod, iPad und iPhone, Flachbildschirm. Abends sitzen sie bevorzugt auf ihrem Balkon im 20. Stock und trinken überteuerten französischen Rotwein. Der atemberaubende Blick geht auf den geschäftigen Hafen und die Regenbogenbrücke. Allerdings wird es mit der schönen Aussicht bald vorbei sein. An der Wasserfront, nicht weit entfernt, haben die Arbeiten für einen 52-stöckigen Wohn- und Geschäftsblock begonnen.

Vom verschlafenen Fischerdorf zum Machtzentrum

Wo heute Beton und Asphalt wuchern, gab es vor 500 Jahren einige bäuerliche Siedlungen, ärmliche Fischerdörfer, eine unbedeutende Burg. Erst unter Shogun Ieyasu Tokugawa (1542–1616) entwickelte sich Edo zum politischen und wirtschaftlichen Machtzentrum. Innerhalb kürzester Zeit ließ der Kriegsherr eine Burg errichten. Granit- und Basaltquadern wurden auf Booten von der einhundert Kilometer entfernten Halbinsel Izu heran transportiert. Bis zu 3000 Schiffe waren im Einsatz. Zweimal im Monat unternahmen sie die Reise. Die Burg wurde gebaut, brannte nieder, wurde wieder aufgebaut, fackelte ab, wurde wieder aufgebaut, erweitert, ausgebaut, brannte nieder, wurde erneut errichtet. Endlich, 1640, fünfzig Jahre nach Baubeginn, war sie komplett, die größte und gewaltigste Verteidigungsanlage

Nippons: vier Festungen, 21 Türme (von denen heute noch drei stehen), 99 Tore, allein 21 Vorratshäuser für Waffen und Munition.

Finanzieren mussten das alles Japans Feudalherren, die Daimyo (die wiederum ihre Bauern bis aufs Blut besteuerten). Sie stellten Baumaterial und Arbeitskräfte, wurden vom Shogun gezwungen, sich prunkvolle Herrenhäuser anzulegen. Ein Gesetz zwang sie, ihre Familien als Geiseln in Edo zu lassen, sie selbst hatten jedes zweite Jahr an Hof zu erscheinen. Der Aufbau der Stadt wurde zum Spiegelbild einer rigiden Gesellschaftsordnung: Auf dem Burghügel thronte der Shogun, im Bereich des Wallgraben residierten die Feudalherren. Es folgten die Häuser der Samurais, die Baracken der Soldaten, die Hütten der Handwerker und kleinen Kaufleute. Höchstes Ziel der Stadtplanung war die Verteidigung. Um einen einfallenden Feind zu verwirren, wurden enge, verwinkelte Wege angelegt, ein Labyrinth aus Sackgassen, ein Wirrwarr aus Kreisen und Kurven.

Über 250 Jahre, von 1603 bis 1867, beherrschte der Tokugawa-Clan das Land. Es war eine komplexe, widersprüchliche Zeit. Der Tenno galt de jure als Landesherrscher, erging sich jedoch in Kyoto nur in höfischen Ritualen. Während die Bauern unter einer hohen Abgabelast stöhnten, Eltern gezwungen waren, ihre hübschesten Töchter in die Prostitution zu verkaufen, vertiefte sich das Kaiserhaus in die Prinzipien der Poetik. Über einen der Söhne des Tennos wird berichtet: „Er übte sich darin an den klaren Wassern des Tominoo-Flusses und in den Ruinen auf dem Asaka-Berg, wo sich sein Herz umflorte, während er den Wind rief und den Mond bewunderte."

Auf den Straßen strömte buntes Volk nach Edo, Schauspieler und Wandersänger, Mönche und Pilger, blinde Masseure, Schwertschleifer und Zimmerleute, Tagelöhner, Bauern, Samurai-Truppen und Edelleute, begleitet von Dutzenden von Soldaten und Dienern. Unterwegs waren Prostituierte, die wie Nonnen gekleidet waren und Lastenträger, die nur einen Lendenschurz trugen. Fuhrwerke durften nicht eingesetzt werden. Lasten wurden von Menschen und Tieren transportiert. Pferdehufe steckten in geflochtenen Strohsandalen, die als Ersatz für Hufeisen dienten.

Heute erinnern uns farbige Drucke an die verlorene Epoche. Sie heißen *ukiyo-e*, wörtlich bedeutet das „Bilder der fließenden Welt". Es handelt es sich um eine Form japanischer Farbholzschnitte, die ab dem 17. Jahrhundert geschaffen wurden. Ukiyo-e waren die Ansichtskarten der Vergangenheit. Das Spektrum umfasste wunderschöne Kurtisanen, berühmte Schauspieler, sündige Bademädchen, gerne auch mit entblößtem Busen, heldenhafte Feuerwehrmänner, verklärte Landschaften und städtische Szenen. Ganze Serien wurden speziellen Themen gewidmet: 48 Ansichten berühmter Plätze in Edo; die acht malerischen Ansichten des Sumida Flusses; 36 Ansichten des Berges Fuji.

Damals erschuf in Edo das Erstarken der Kaufmannskaste eine burleske, städtische Kultur. Die Bourgeoisie vergnügte sich in Restaurants, Theatern und Spielhöllen. Bordelle waren an ihren grünen Fensterläden zu erkennen. Angeberische Kaufleute, protzige Wucherer und ausschweifende Makler lebten ein Leben zwischen Eleganz und Völlerei. Aber sie waren auch Gönner der Künste. Davon profitierten große Meister wie Utamaro (1753–1806), Hokusai (1760–1849) und Hiroshige (1797–1858). Ihre Farbholzdrucke trafen den Geschmack der Gesellschaft. Die Bilder zeigen geschäftige Straßen mit Bettelmönchen, schwerbeladenen Trägern, stöckelnden Geishas, sauertöpfigen Fischverkäufern. Sie präsentieren eine anmutige Stadt der blühenden Kirschbäume, schneebedeckten Tempel und pittoresken Flusslandschaften.

Stille Echos in der Östlichen Hauptstadt

Mit der Restauration des Kaisertums setzte die große Verwandlung ein. Im Jahre 1868 verlegte Kaiser Meiji seine Residenz aus Kyoto nach Edo, das daraufhin in *Tokio* („Östliche Hauptstadt") unbenannt wurde.

Zweimal wurde die Stadt fast völlig zerstört: 1923 beim großen Kanton-Erdbeben, im Frühjahr 1945 durch die Brandbomben der Amerikaner. Doch die Möglichkeiten zu einer Neugestaltung wurden nicht genutzt. Ordnende Baupläne und Vorschriften existieren es nicht. Die Fortdauer der Vergangenheit im Medium der Architektur findet nicht statt. Weil Baukosten nur einen Bruchteil der immensen Grundstückskosten ausmachen, beträgt die Halbwertzeit von Gebäuden gerade mal 20 bis 30 Jahre. Häuser, die älter als 70 Jahre sind, gelten als Kuriosum.

Aus den 20er-Jahren des letzten Jahrhunderts wird berichtet, große Teile von Shibuya, Shinjuku und Ikebukuro hätten aus Wiesen und Feldern bestanden. Nach Sonnenuntergang wurde es pechschwarz und so still, dass man glauben konnte, Geister zu hören. Heute stehen die Menschen in Häuserschluchten, hören den tosenden Verkehrslärm und warten vergebens auf das Echo ihrer Stimmen.

Kaum Vergangen, aber unwiederbringlich dahin. Nur wenig erinnert an die Stadtgeschichte. Im Zickzackkurs bewegt sich der Besucher durch die Metropole und entdeckt, mal hier, mal dort, einen historischen Restposten: Die Nihombashi-Brücke im gleichnamigen Stadtteil, 1911 im Renaissancestil erbaut. Zur Edo-Zeit bildete sie den geographischen Mittelpunkt des Landes. Ab hier wurden alle Straßenentfernungen gemessen. Der Marunouchi-Eingang des Hauptbahnhofs. Das rote Backsteingebäude von 1911 ist eine Kopie des Amsterdamer Bahnhofs.

Dann sind da natürlich die kilometerlangen Wassergräben und gewaltigen Granitmauern des Kaiserpalastes. Der schönste Aussichtspunkt ist die *Niju-bashi,* die berühmte Doppelbrücke im Westen der Anlage. Im Hintergrund blitzen die schneeweißen Mauern und geschwungenen Dächer der *Fushimi-yagura,* eines Wachturms der alten Burg von Edo.

Das Viertel, das am meisten Charakter und Atmosphäre besitzt, ist Asakusa. Hier bewahrt Tokio seinen fernöstlichen Charakter: Fast jedes Haus ein Geschäft, Reklametafeln bis in den Himmel, überfüllte Bürgersteige. Abseits der Hauptstraßen stehen noch Zeilen zweistöckiger Wohnhäuser aus Holz. Vor den Türen teilen sich Bonsaibäume, leere Bierkisten und Waschmaschinen den öffentlichen Raum. In den engen Gassen sind mehr Fahrräder unterwegs als Autos.

Das Herz von Asakusa schlägt im Senso-ji-Tempel. Er ist der buddhistischen Göttin der Gnade, Kannon, geweiht. Kommerz und Verinnerlichung auf kleinstem Raum: Kinos, Restaurants, Bars, unzählige Shops, Pagoden und Schreine. Eine lange Ladenstraße, die Nakamise, führt zum Haupttempel. Dutzende von kleinen Geschäften verkaufen Süßigkeiten, Souvenirs, Kitsch und Kunst. Im Haupttor des Tempels hängt eine 600 Pfund schwere rote Laterne, auf der die Schriftzeichen für „Tor des Donners" stehen. Im Innenhof drängen sich die Menschen um ein großes Bronzegefäß, aus dem der Qualm von Räucherstäbchen aufsteigt. Der Rauch wird zum Körper gefächelt; er gilt als Allheilmittel gegen innere und äußere Krankheiten und die Unbilden des Lebens.

www.tokio-reisefuehrer.com
www.tokyo-guide.de
www.japan-guide.com/e/e2164.html

VON BÄRENJÄGERN UND BETTELMÖNCHEN

Japaner sind kein Massenphänomen, sondern eine ungewöhnliche Gemeinschaft von Individualisten, denen es gelingt, ihre Einzigartigkeit hinter ihrer Gleichförmigkeit zu verbergen. Hebt sich der Vorhang, werden erstaunliche Lebensstücke aufgeführt.

sogu dai-issho *(Begegnungen, I. Teil)*

Der heimatlose Bettelmönch

Im Wartesaal des beschaulichen Bahnhofs von Kamojima an der Westküste der Insel Shikoku steht Suihiro Mori neben einem Getränkeautomaten und trinkt mit einem Strohhalm warmen Sake aus einer Tetrapaktüte. Es ist 8 Uhr morgens. Herr Mori sagt entschuldigend: „Ich muss mich aufwärmen. Das war eine kalte Nacht. Ich habe draußen geschlafen." Weißes Baumwollobergewand, weiße Baumwollhose, Bambushut und Wanderstab weisen ihn als Wallfahrer aus. Zum Schutz gegen Nässe und Kälte trägt er über der traditionellen Pilgerkleidung eine blaue Nylonjacke. Um das rechte Handgelenk hat er dreifach seine buddhistische Gebetskette mit den 108 Perlen geschlungen.

Herr Mori ist 53 Jahre alt. Er besitzt das faltenlose Gesicht eines arglosen Kindes. Die spärlichen Schnurrbarthaare verleihen ihm weniger Beherztheit als Wehmut. Seine Lebensgeschichte klingt, als komme sie direkt aus dem buddhistischen Märchenland. Geboren wurde er auf der Insel Shikoku im Tempel Nummer 65 des Kobo Daishi. Richtig heißt der heilige Platz „Der dreischenkelige Tempel". Er erhebt sich auf dem Yurei-san, dem Geisterberg. Seine Mutter sei *bimbo* gewesen, also arm, erklärt Herr Mori. Nach seinem High-School-Abschluss sei er als 16-Jähriger auf Wanderschaft gegangen. Irgendwann habe er einen schweren Unfall gehabt, das Blut sei lebensbedrohlich aus einer grässlichen Kopfwunde gespritzt. Herr Mori sagt: „Da habe ich Kobo Daishi angerufen, und es hat sofort aufgehört zu bluten. Seitdem bin ich ein Pilger."

Er bevorzugt es, draußen zu schlafen, in Bushäuschen, unter Brücken, am Strand, und im Meer zu baden. Die Sterne sind seine schweigende Nachtwache, die morgendliche Sonne ist sein Wecker. Wie oft er schon die 1440 Kilometer lange Pilgertour zu den 88 Tempeln des Kobo Daishi gemacht hat, daran kann er sich kaum erinnern. „Einhundertfünfzig Mal", übertreibt er. Sein gesamter Besitz – Unterwäsche, Socken, Schreibmaterial, Papiere, Bettelschale – befindet sich in einem Brustbeutel aus Leinen. „Ich bin Maler, Poet und Holzbildhauer", behauptet er, klingt dabei aber nicht sehr überzeugend. Meist, gesteht er, stehe er als Bettelmönch an den Eingangspforten von Tempeln und Schreinen und bitte um Almosen. Wie Novalis scheint er auf der Suche zu sein „nach einem Ort, an dem man sich Zuhause fühlt". Sein *jisei*, das Todesgebetsgedicht, das in Japan noch immer von gebildeten Personen und Mönchen als letzte Lebensäußerung geschrieben wird, hat er bereits abgefasst. Wie es lautet? Herr Mori sagt, es seien die Verse, die Japans großer Poet Issa seinem sterbenden Vater in den Mund gelegt habe:

„Mir langt's: nun müsst
ihr miteinander auskommen!
Genießt die Abendkühle ..."

Wie es mit dem geehrten Herrn Ausländer sei? Ob der sich auch für etwas entschieden hat? Vielleicht für die Worte des greisen Dieners Firs, mit denen Tschechows „Kirschgarten" endet:

„Das Leben ist vorbei,
als hättest du es gar nicht gelebt.
Ich leg' mich ein Weilchen hin."

Der Sensei und das Barmädchen

In Takanosu, einer Kleinstadt 50 Kilometer östlich von der Japanischen See, werden gegen 20 Uhr die eisernen Jalousien der Geschäfte an der Haupteinkaufsstraße scheppernd heruntergezogen. Feierabend. Danach ertönen die Glockenspiele der Fußgängerampeln für niemanden. Nur in der Bar des Hotels Shoukaku herrscht noch ein wenig Betrieb. Die Bar liegt im Erdgeschoss und heißt Meerjungfrau, plüschige Sessel und Sofas, niedrige Rundtische, gedämpftes Licht, trauliche Stimmung. Aus Lautsprechern erklingt ein schmalziges Liebeslied. Über der Tanzfläche rotiert eine Kugel. Sie ist mit Spiegelstücken überzogen, wird von Punktscheinwerfern angestrahlt und wirft Funken wie ein Meteoritenschwarm. Zwei Paare kreisen über den spiegelnden Fußboden.

Die beiden Männer am Tisch sind Zufallsbekannte, Hotelgäste wie ich, ein alter Lehrer und sein ehemaliger Schüler. Der Jüngere heißt *Kawagoe,* was Flussfurt bedeutet. Eigentlich ist er ausgebildeter Pädagoge. Zehn Jahre lang hat er Anglistik studiert. Herr

Kawagoe sagt, er spreche sehr schlecht Englisch, womit er nicht übertrieben hat. Inzwischen arbeitet er in einer obskuren Abteilung der Präfekturregierung.

Neben mir tut sich Herr Kitagawa an den Snacks gütlich, Käsehäppchen belegt mit Zitronenscheiben. Herr Kitagawa hat bis zu seiner Pensionierung an der Universität Englisch, Deutsch und Spanisch unterrichtet. Er besitzt das Gesicht eines japanischen Intellektuellen: hohe Stirn, scharfe Nase, dünne Lippen. Er ist Brillenträger. Dunkle Pigmentflecke bedecken seine Handrücken. Über dem Kragen seines weißen Oberhemdes zuckt ein Adamsapfel. Er ist 75 Jahre alt. Sein Deutsch ist eingerostet. Spricht er Englisch, sucht er lange nach den richtigen Worten.

Im Frühjahr 1945, erzählt er, sei er mit seiner Mutter und seinen Geschwistern von Hiroshima zu Verwandten in die Präfektur Akita geflüchtet. In jenem Frühling flogen die Amerikaner fast täglich Bombenangriffe gegen militärische und zivile Ziele in Japan. Die kaiserliche Armee hatte den B-52-Bombern außer schriller Propaganda nichts entgegenzusetzen. Herr Kitagawa sagt: „Meine Mutter hoffte, wir würden in Akita sicherer sein." Am 6. August, 8.45 Uhr Ortszeit, explodierte über Hiroshima die Atombombe. Feuerblitz, Rauchpilz, Tod und Verderben. „Von den vierzig Schülern meiner Klasse leben nur noch drei", sagt Herr Kitagawa. Gedankenverloren blickt er in eine Zeit zurück, in die wir ihm nicht folgen können. Er sagt: „Ich bin ein glücklicher Mann."

Von seinem ehemaligen Schüler wird er respektvoll mit *sensei* tituliert. Sensei bedeutet im Japanischen Lehrer, steht jedoch für mehr: Vorbild, Meister, Führer, Mentor, Vertrauensperson. Der Sensei ist ein sehr japanisches Phänomen, eine emotionale Bezugsperson für Menschen, die scheinbar nie gelernt haben, auf eigenen Beinen zu stehen. In einer Gesellschaft, durch die sich Abhängigkeiten ziehen wie ein Raster, ist der Sensei die männliche Urmutter kindlicher Erwachsener.

Unsere Tischdame heißt Raquel. Sie sagt: „In Japan habe ich morgens oft das Gefühl, ich müsste die Fenster aufreißen und schreien: ‚Guten Morgen Nachbarn, fuck you!'" „Wenn dich jemand versteht, wird er das nicht lustig finden", sage ich. „Hier versteht mich niemand", sagt Raquel. Wie wahr. „Und wie sind die Kunden?" „*Mayamot*", sagt Raquel auf Tagalog, „langweilig". Außer ihr arbeiten in der Bar noch acht Tischdamen. Alle kommen von den Philippinen. Sie verdienen umgerechnet sechshundert Dollar im Monat, was mehr ist als das Gehalt eines nicht korrupten philippinischen Polizeichefs (den zu finden mir nie gelungen ist); Verpflegung und Unterkunft sind frei.

Raquel berichtet, dies sei ihr vierter Besuch in Japan. Nach dem ersten Mal habe sie ihren ganzen Verdienst ihrer Mutter gegeben. Nach dem zweiten Mal die Hälfte. „Das letzte Mal habe ich mir ein Haus gekauft." „*Barong-barong* oder ein richtiges Haus?", frage ich; barong-barong steht für die billigen Bambushütten, die auf dem Land und im Slum die preiswerteste Bauweise darstellt. „Halb und halb", sagte Raquel. Sie stammt aus Magsaysay, einem Stadtteil in Manila, wo ich mal vor langer Zeit gewohnt habe. (Magsaysay ist ein verslumtes Wohnviertel am Nordhafen. Die Ehrbaren leben neben bösen Buben, im Hochsommer bewegen sich Fliegenschwärme wie schwarze Wolken durch die Luft, und Mütter halten ihre Kleinkinder vor geöffnete Kühlschränke, um ihnen auf diese Weise Kühlung zu verschaffen.)

Manchmal kämen die Bauern aus der Umgebung in die Bar, erzählt Raquel. Sie seien schüchtern und gut bei Kasse und würden kein Englisch sprechen. „Wir bringen ihnen ein wenig

Englisch bei." Sie lacht: „Wir arbeiten für die Völkerverständigung."

„Im letzten Jahr sind die Bauern von Akita auf die Ginza in Tokio gefahren", erinnert sich Herr Kitagawa. „Sie haben eine Demonstration gemacht. Sie haben Frauen gesucht. Heutzutage ist es schwer für einen japanischen Bauern eine Frau zu finden. Die Arbeit ist zu hart, das Leben wohl zu eintönig. Sie haben auf Plakate geschrieben: ‚Warum kommen Sie nicht nach Akita?' Ich glaube, zwei junge Frauen sind gekommen und haben sich in Akita verheiratet."

Etwas später entschuldigt er sich und geht zu Bett. Herr Kawagoe hält die Stellung. Er lockert immer mehr auf, und sein Englisch gewinnt zusehends an Profil. Langatmig versucht er mir ein Haiku zu erklären. Es handelt sich um Eltern und Kind und einen Doktor, die alle vor einem Tor warten. Das Gedicht scheint etwas mit Sex zu tun zu haben, aber es ist wohl nicht meine Art.

„Sex ist ein Geschäft wie jedes andere", resümiert Raquel. Routiniert füllt sie unsere Biergläser nach. Sie ist einundzwanzig Jahre alt, groß und schlank mit langen schwarzen Haaren, glänzend wie Rabenfedern. Sie scheint sich mit ihrem Job arrangiert zu haben. Nun ja, 600 Dollar. Ich lächle sie an und überlege mir, wie es sich wohl in ihrem Haus, halb und halb, in Magsaysay leben würde.

Der pensionierte Bärenjäger

Seine Heimat ist ein Weiler namens Utto, 36 Häuser, 106 Einwohner. Seine Ohren stehen ab, und seine Haare sind so kurz geschnitten, dass die Kopfhaut weiß durchschimmerte. Schwielen überziehen seine Handflächen. Er hat hoch angesetzte Augenbrauen und die schläfrigen Lider eines Kopfjägers oder

Phlegmatikers. Trotz seiner über 70 Jahre gilt er als einer der schnellsten Wanderer der Gegend. Zwar sind seine Schritte kurz, aber sie lassen den Schnee aufstäuben wie Windböen; die Hänge trippelt er hinauf wie eine Gemse. Er heißt Matsuji Suzuki. Er ist Bärenjäger in der fünften Generation.

Als Vierzehnjähriger hat er zu jagen begonnen. Ein Lehrling der Jagd mit den Fächern Aufspüren, Verfolgen, Stellen und Töten. Damals benutzten die Männer das erste japanische Infanteriegewehr, das *Murata* heißt, aber allgemein als Nummer 28 bekannt war. „Einschüssig", sagt Herr Suzuki. In den alten Zeiten war die Jagd ein Abenteuer mit ungewissem Ausgang. Ein Jagdzug konnte Tage dauern. Nachts schliefen die Männer unter Baumwurzeln oder in Höhlen, ein flackerndes Feuer war ihre einzige Wärmequelle. Ihre Bewaffnung bestand aus langen Speeren, Hackbeilen, Bergmessern, Äxten. Sie trugen Handschuhe aus Hundefell, Schuhe und Gamaschen aus Stroh, Umhänge aus Riedgras. Mit dicken Fellen schützten sie sich gegen die beißende Kälte. Sie hatten ein Kopftuch umgebunden, darüber trugen sie einen runden Strohhut mit breiter Krempe. Hinten im Gürtel steckte eine Schneeschaufel, aus Holz geschnitzt und wie ein Paddel geformt. Sie besaßen Schneeschuhe.

Von Weitem sehen sie aus wie Affen mit Menschengesichtern, schrieb ein zeitgenössischer Schriftsteller.

Heute, sagt Herr Suzuki, benutzen die Männer automatische Hochleistungsgewehre, natürlich mit Zielfernrohr. Sie tragen Stiefel oder Moonboots und Polyesterjacken, made in China.

Im alten Japan galt der Bär als König der Tiere, furchtlos und tapfer und rechtschaffen. Er wurde „General der Sechs Vortrefflichkeiten" genannt. Inzwischen ist er nur ein Tier mit verwertbaren Produkten: Sein Fleisch gilt als Delikatesse, sein Fell als

Souvenir, seine Gallenblase als Heilmittel bei Magenleiden und Mittel gegen Alkohol-Kater. Der japanische Braunbär (Selenartos thibetanos japonicus) ist ein Verwandter des Himalaya-Bären. Er wird bis zu 200 Kilo schwer, 150 Zentimeter groß und in der Gefangenschaft an die 30 Jahre alt. Er ernährt sich von Pflanzen, Beeren, Honig. Die Tiere haben einen auffallend weißen Sichelkragen, weshalb sie im Japanischen *tsuki no wa guma* heißen, Halbmond-Bär.

Eine Jagdgruppe besteht aus einem Dutzend Männer, erklärt Herr Suzuki. Es gibt Treiber und Jäger und natürlich einen gewählten Anführer. Wichtig ist es, das Versteck des Bären zu entdecken. Dann wird ein Kreis gebildet und das Tier aufgeschreckt. „Ho, ho!", ruft er. Niemals, sagt Herr Suzuki, hat er davon gehört, dass ein Jäger von einem Bären getötet worden sei.

Und wie viele Bären hat er erlegt? Er wiegt den Kopf: „Einige hundert. Wenn der Himmel mir Glück gab, manchmal sechs oder sieben Bären an einem Tag." Intensiv schaut er den Besucher an: „Glück ist bei der Jagd sehr wichtig." Jagdsaison ist vom 15. November bis 15. Januar, dann noch einmal vom 15. März bis 15. April. „In diesem Jahr hat die nächste Stadt die Lizenz, 20 Bären zu jagen", sagt Herr Suzuki. Dann kneift er seine Augen zu schmalen Schlitzen zusammen. „Um einen Bären zu töten, muss man ein ganzer Mann sein."

Obwohl Herr Suzuki längst das Pensionsalter erreicht hat, arbeitet er noch als Wärter im Bären-Zoo. Erst hat er sie getötet, nun muss er ihre Scheiße wegräumen. Späte Gerechtigkeit.

Die Frau im Minibus

Es ist früh am Morgen, und am Dorfende kommen uns zehn Volksschüler entgegen. Sie tragen gelbe Schirmmützen und lassen ihre Regenschirme kreisen wie Schlagstöcke beim Baseball. Der Wetterbericht hat 70 Prozent Regen angekündigt. Ich grüße sie, und nach einer Schrecksekunde krähen sie ihr: „Guten Morgen." Als sie uns passiert haben, lachen sie laut und einer sagt: „Das ist der erste Ausländer, den ich gesehen habe." „Ich habe schon mal einen gesehen", brüstet sich ein anderer. „Im Fernsehen", höhnen seine Freunde.

Bald danach fällt der Regen wie eine dichte Wand. Wir stellen uns unter das Vordach eines Bushäuschens und vertrauen auf eine baldige Mitfahrgelegenheit. Nichts ist leichter als Trampen in der japanischen Provinz. Man stellt sich an den Straßenrand, zeigt sein lächelndes ausländisches Gesicht, hebt die rechte Hand – und das nächste Auto mit ausreichend freien Sitzplätzen hält bestimmt.

Bei diesem handelt es sich um einen metallicgrauen Minibus der Marke Toyota. Am Rückspiegel hängen drei seidene Glücksbringer, göttlicher Schutz gegen Auffahrunfälle und Radarfallen. Der japanische Begleiter hat vorne Platz genommen, ich sitze hinten. Neben mir baumelt ein gekreuzigter Stoffaffe. Saugnäpfe halten seine Hände an der Scheibe fest.

Draußen verschwinden abgeerntete Reisfelder, Bambushaine und einsame Gehöfte hinter einer senkrechten Schraffur aus Nebel und Regen. Der Wagen wird von einer jungen Frau gesteuert, die ihren ältesten Sohn in der Grundschule abgeliefert hat. Sie trägt einen formlosen Trainingsanzug, kein Rouge, nicht mal die Andeutung von Lippenstift. Ihre Haare sind unfrisiert. Nach der Eheschließung verwandeln sich manche Japanerinnen aus Prinzessinnen in Aschenputtel. Sie wohnt in einem abgelegenen Dorf, wo sie eine Pension führt: 25 Gästebetten, 5000 Yen pro Person und Übernachtung, Abendessen und Frühstück inklusive.

Von Januar bis März kommen viele Wochenendgäste aus Tokio, zumeist Skifahrer und Tourenläufer.

„Hier muss man im Winter den halben Tag Schnee schaufeln. Ich bin in Shinkoku aufgewachsen. Das ist eine kleine Insel bei Okinawa. Sie liegt schon in den Tropen. Selbst im Winter brauchen wir keine Heizung. Dann habe ich in Tokio gearbeitet. Da habe ich auch meinen Mann kennengelernt. Mein Mann ist aus Akita. Als seine Eltern alt wurden, ist er zurückgekehrt. Natürlich musste ich mitgehen. Jetzt wohne ich schon dreizehn Jahre hier, und die Leute lachen noch immer über meine Aussprache. Dabei sprechen sie diesen komischen Dialekt und nicht ich. Na ja, ich habe mich an das meiste gewöhnt. Wir haben drei Kinder. Aber die Winter sind sehr hart."

Obwohl sie auf halber Strecke wohnt, fährt sie einen zwanzigminütigen Umweg bis zum Startpunkt unserer Wanderung. Sie fragt nicht, woher wir kommen, wohin wir gehen. Sie nennt nicht ihren Namen. Wahrscheinlich ist sie einfach nur froh, anonyme Zuhörer zu haben, Hochjapanisch zu sprechen und den Toyota durch die Landschaft zu steuern, was einfacher ist, als ein Leben zu leben.

Der schöpferische Schuhputzer

Vor dem Haupteingang vom Tokioter Bahnhof, einem roten Backsteingebäude im viktorianischen Stil, einer der wenigen architektonischen Erinnerungen an eine Zeit, als der Westen unbestrittenes Vorbild war, besitzt er einen mobilen Schuhputzstand. Sein Job ist ein automatischer Ablauf von Handgriffen und Bewegungen, die sich niemals ändern: Hosenumschlag hochschlagen, Schuh sauber bürsten, eincremen, blankpolieren, mit einem Samttuch nachpolieren. Nächster Schuh. Bei der Arbeit sitzt er auf einem niedrigen Holzschemel mit drei Beinen. Die Kunden stehen. Sie stellen ihren Schuh auf einen Holzkasten, dessen rechteckige Oberfläche im Dreißig-Grad-Winkel hochsteht, und von einer Leiste unterteilt ist, Fixpunkt für den Schuhsteg. Die meisten seiner Kunden sind Geschäftsleute. Während des Schuhputzens studieren sie den Börsenteil der Zeitung. Die Kunden nehmen ihn nur wahr, wenn sie bezahlen. Dreihundertfünfzig Yen.

Er ist Mitte fünfzig, sieht aber älter aus. Er ist mittelgroß, hager, mit einem länglichen Gesicht. Seine Augen scheinen immer erdwärts gerichtet zu sein, vermutlich eine Folge seines Jobs. Nach der Arbeit zieht er seine verschmutzten Handschuhe aus. Rechts trägt er einen Gummihandschuh, darüber einen Baumwollhandschuh, an dem er die Fingerspitzen abgeschnitten hatte. Er schlüpft in einen Pullover, farblich undefinierbar, zwei Nummern zu groß. Zum Schluss setzt er eine Baskenmütze auf. Natürlich ist er nicht der, der er zu sein scheint. Jedes Jahr im Spätsommer fliegt er nach Paris. Vom Gare de Lyon nimmt er den Zug nach Aix-en-Provence. „Das Licht", sagt er. „Nirgendwo sonst gibt es ein so intensives Licht." Er ist Maler, Paul Cézanne, der Vater der Moderne, sein großes Vorbild. Im Süden Frankreichs bleibt er, solange sein Geld reichte. Dann fliegt er zurück. Bahnhof Tokio. Säubern, eincremen, polieren, rechter Schuh, linker Schuh. Dreihundertfünfzig Yen.

In einer Branche, in der Erfolg anhand der Verkaufspreise von Bildern und der Anzahl von Ausstellungen gewertet wird, gehört er zu den Außenseitern, keine Verkäufe, keine Ausstellungen. Einmal hat ein obskures Tokioter Kunstmagazin eines seiner Ölgemälde als Titel benutzt. Anstelle eines Honorars bekam er einhundert Belegexemplare. Er überreicht mir eines als

Geschenk. Der Titel des Magazins zeigt einen Mädchenkopf, gemalt im Stil eines jungen van Goghs auf der Suche nach sich selbst.

Seine Wohnung hat die Maße eines Schreberhäuschens und das Ambiente eines Warenlagers. Unverkäufliche Gemälde und selbstgefertigte Holzrahmen lehnen an den Wänden, auf dem Fußboden liegen Leinwandrollen und Skizzenblöcke, farbverschmierte Pinsel stehen in Blechdosen und Einmachgläsern wie verblühte Tulpen. Es riecht stark nach Terpentin. In der Spüle türmt sich ungewaschenes Geschirr. Er lebt in mehreren Welten und scheint in jeder glücklich zu sein. Stolz sagte er: „Ich bin einer der besten Schuhputzer in Tokio." Ungebrochen erklärt er: „Eines Tages werde ich als Maler anerkannt sein." Bald ist die Dürreperiode vorbei. Nicht mehr lange bis zum Herbst. Er besitzt schon sein Rückflugticket nach Paris. „Was für ein Licht", sagt er. Das einzige Fenster seines Appartements zeigt die glatte, graue Fassade des Nachbarhauses.

Weises von den Weisen

kotowaza (Sprichwort)

Sprichwörter sind das Spiegelbild der Seele eines Volkes. So gesehen, scheint es zwischen Japanern und Deutschen gewisse verwandtschaftliche Beziehungen zu geben. „Fleiß kann nie von der Armut eingeholt werden", weiß die japanische Volksweisheit. Bei uns klingt das so: „Fleiß bringt Brot, Faulheit Not." Aus dem Sprichwort „Auch das Kind eines Frosches ist ein Frosch", wird bei uns: „Der Apfel fällt nicht weit vom Stamm, so wie das Schaf, so ist das Lamm."

Eine Auswahl der schönsten japanischen Weisheiten:

Die Augen sind der Spiegel der Seele.

Das Leben des Menschen währt eine ganze Generation,
sein Name zehntausend.

Armut macht zum Dieb, Liebe zum Dichter.

Wer allzu klug ist, findet keine Freunde.

Je höher der Baum, desto neidischer der Wind.

Der vorstehende Nagel wird eingehämmert.

Der Mund ist das Tor des Unglücks, die Zunge seine Wurzel.

Die Zunge des Weisen liegt in seinem Herzen,
das Herz des Narren liegt auf seiner Zunge.

Arznei ist im Mund bitter, Wahrheit beleidigt die Ohren.

Ein freundliches Lächeln kann drei Wintermonate erwärmen.

Wer lächelt, statt zu toben, ist immer der Stärkere.

Glück hilft nur manchmal – Arbeit immer.

Im Augenblick des Zusammenkommens beginnt die Trennung.

Anderer Leute Pech schmeckt wie Honig.

Bevor Du dich daran machst, die Welt zu verbessern,
gehe dreimal durch Dein eigenes Haus.

Im Gram verharren zeugt von niederem Sinn.

Der Glanz des Mannes ist siebenfacher Glanz.

DIE GEISHA ALS EROTISCHES WELTKULTURERBE

Wie die Geisha zum erotischen Weltkulturerbe wurde.
Und warum Japaner als sanftmütig und halsstarrig,
aufrichtig und ruhmessüchtig gelten.

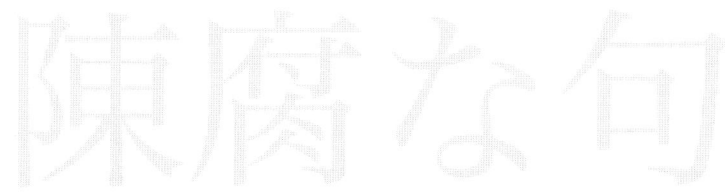

chinpunaku (Klischee)

Der Philosoph Immanuel Kant stellte 1764 in seinen „Beobachtungen über das Gefühl des Schönen und Erhabenen" folgende Behauptung auf: „Die Japonesen könnten gleichsam als die Engländer dieses Weltteils angesehen werden, aber kaum in einer anderen Eigenschaft als ihrer Standhaftigkeit, die bis zur äußeren Halsstarrigkeit ausartet, ihrer Tapferkeit und Verachtung des Todes. Übrigens zeigen sie wenig Merkmale eines feinen Gefühls."

Noch einer aus der deutschen Philosophenreihe, der sich an Japan abschrieb, Johann Gottfried Herder in seinem Hauptwerk „Ideen zur Philosophie der Geschichte der Menschheit" (1784–1791): „Die Insel indes, an welcher sich die Chinesen den größten Nebenbuhler ihres Fleißes erzogen haben, ist Japan. Die Japaner waren einst Barbaren und ihrem gewalttätigen, kühnen

Charakter nach gewiß harte und strenge Barbaren; durch die Nachbarschaft und den Umgang mit jenem Volk, von dem sie Schrift und Wissenschaften, Manufakturen und Künste lernten, haben sie sich zu einem Staat gebildet, der in manchen Stücken mit China wetteifert oder es gar übertrifft. Zwar ist dem Charakter dieser Nation nach sowohl die Regierung als die Religion härter und grausamer, auch ist an einen Fortgang zu feinern Wissenschaften, wie sie Europa treibt, in Japan so wenig als in China zu denken; wenn aber Kenntnis und Gebrauch des Landes, wenn Fleiß im Ackerbau und in nützlichen Künsten, wenn Handel und Schiffahrt, ja selbst die rohe Pracht und despotische Ordnung ihrer Reichsverfassung unleugbar Stufen der Kultur sind, so hat das stolze Japan diese nur durch die Chinesen erstiegen."

Kant und Herder waren nie in Japan gewesen. Und selbst die, die das Land bereist hatten, schienen Schwierigkeiten zu haben, die nationale Psyche einzuordnen und sie vorurteilslos zu bewerten. Den meisten Besuchern blieben Japan und seine Bewohner ein Rätsel: fremd, exotisch, geheimnisvoll. Doch wenn die Fremden den Japanern einen Spiegel vorhielten, zeigten sie eigentlich nur das eigene Bildnis: Jeder suchte das, was er finden wollte.

Der heilige Franz Xaver schrieb 1548 nach seinem dreijährigen Japan-Aufenthalt: „Soweit ich es beurteilen kann, übertreffen die Japaner an Tugend und Aufrichtigkeit alle anderen Völker, die man bisher entdeckt hat. Sie sind sanftmütig, Betrügereien abhold und leidenschaftliche Verfechter der Ehre, die sie über alles andere Stellen." Ein Jahrhundert später notierte Engelbert Kaempfer, Lemgoer Arzt in holländischen Diensten, im siebenten Kapitel „Vom Ursprung der Japaner nach ihren eignen fabelhaften Meinungen": „Sie wollen in ihrer eignen kleinen Welt entsprossen seyn, doch nicht als Regenwürmer und Mäuse aus der Erde, wie

Diogenes, der Cyniker, den auf eben die Art stolzen Atheniensern vorwarf; sondern sie erklären ihre Entstehung auf eine weit höhere und edlere Art. Sie leiten sich nemlich aus dem Geschlecht der Götter und gleichsam aus der Ewigkeit ab, wenn ich mich so ausdrücken darf. Es fehlt diesen Einwohnern nicht an Kühnheit, oder sol ich es Tapferkeit nennen? Mit edler Verachtung des Lebens und stoischem Muthe scheuen sie sich nicht, an sich selbst Hand zu legen ..."

Auch zur Moral, das heißt, der fehlenden, gab es kritische Stimmen. Ende des 16. Jahrhunderts ereiferte sich der Jesuit Valignano: „Eine ihrer schlechten Eigenschaften ist, dass sie sich in hohem Maß wollüstigen Gedanken und Sünden hingeben, was bei Heiden stets der Fall ist."

Seltsam, je mehr sich das Land dem Westen öffnete, desto schärfer wurden die Kritiken. Der Franzose Georges Hilaire Bousquet, ab 1872 vier Jahre lang Rechtsberater der japanischen Regierung, erklärte: „Sie können ohne Schwierigkeiten lernen, die gesamte materielle Seite unserer Zivilisation zu meistern; aber was das intellektuelle und moralische Rüstzeug betrifft, das die indogermanische Rasse auszeichnet, so werden sie wegen ihres unzureichend geschulten Verstandes und einer Sprache, die unfähig ist, es begrifflich zu assimilieren, leer ausgehen müssen."

Missionare, Militärberater, Journalisten und Schriftsteller besuchten bereits vor der Meiji-Restauration 1868 das Land. Nach der erzwungenen Öffnung 1877 wurde aus dem Rinnsal ein Strom. Schriftsteller kamen, blieben kurz und verewigten Klischees und Stereotypen, veröffentlichten sonderbare Geschichten aus einem fremdartigen Reich hinter dem Meer und den Wolken und den Bergen.

Selbst Nachschlagewerke näherten sich unbefangen und fern aller Recherchen dem Land. In „Unsere Tage – Culturgeschichtliche Revue", erschienen in Braunschweig 1860, lesen wird unter dem Stichwort Japan unter anderem: „Bei dem Unterricht der Mädchen herrscht die sehr nachahmenswerthe Sitte, nicht bloß den Gebrauch der Nadel, sondern auch die Kunst des Haushalts zu lehren. Die Knaben unterweist man mit besonderem Ernst im Harakiri oder Bauchaufschlitzen."

Dafür lobte Reinhold von Werner in dem Reisebericht „Die preussische Expedition nach China, Japan und Siam in den Jahren 1860, 1861 und 1862": „Unter allen östlichen Völkern haben die Japaner die höchste Stufe der Verfeinerung erreicht, so daß sie, was Betriebsamkeit, Kunst und Wissenschaft betrifft, gegenwärtig selbst die Chinesen übertreffen, obgleich sie eigentlich nur Schüler dieses Volkes waren."

Rudyard Kipling, einer der berühmtesten Schriftsteller seiner Zeit und wortgewaltiges Sprachrohr des britischen Imperialismus, bereiste Japan 1889 und 1892. Über seine Weltsicht berichtete er scharfzüngig im Buch „From Sea to Sea". Kipling über die Hafenstadt Kobe: „In Wahrheit sieht Kobe scheußlich amerikanisch aus. Selbst ich, der nur Fotos aus Amerika gesehen hatte, erkannte es sofort: Es war Portland, Maine." Über Yokohama: „Wie in Nagasaki war die Stadt voller Babies und wie in Nagasaki lächelte jeder, mit Außnahme der Chinesen." Über die Hauptstadt: „Sie erstreckte sich vom Meer aus soweit das Auge reichte – eine graue Fläche zusammengepackter Hausdächer, die von zahllosen Fabrikschornsteinen abgegrenzt wurde. In Tokio werden Entfernungen in Stunden gemessen. Vierzig Minuten in einer Rikscha, dessen Fahrer mit voller Kraft läuft, bringen Sie in der Stadt nur ein kleines Stück weiter. In allen Stadtteilen brüllte das Leben.

Alle Straßenbahnen waren voll, alle privaten und öffentlichen Omnibusse waren voll, und die Straßen waren voll von Rikschas. Von der Küstenlinie bis zu den schattigen, grünen Parks, von den Parks bis zur dämmrigen Ferne – das Land war mit Menschen überwuchert."

Als Schöpfer eines der zähesten Stereotypen über Japan darf der französische Marineoffizier und Schriftsteller Pierre Loti gelten. In seinem autobiografische Roman „Madame Chrysanthème" (1887) kreierte er zum ersten Mal das Bildnis der Geisha, jener exotischen, verführerischen, hingebungsvollen Liebesdienerin, deren Treue so beständig ist wie ein Schmetterling. In den folgenden Jahrzehnten stieg die Geisha in den Rang eines erotischen Weltkulturerbes auf. Puccini inspirierte die Figur zur Oper „Madame Butterfly" (1904).

Niemand schien sich der orientalischen Traumfrau entziehen zu können. Der guatemaltekische Schriftsteller Enrique Gómez Carrillo (1873–1927) fabulierte in seinem Buch „El Japón heroico y galante" („Das heroische und galante Japan") über eine kurze Begegnung: „Ihre Augen, nicht groß, aber lang, sehr eng und sehr langgezogen, haben eine wollüstige Süße, welche den Enthusiasmus jener japanischen Poeten erklären, die tanka verfassten, in denen die weiblichen Pupillen mit Filtern der Verzauberung verglichen werden. ... Und dank ihr, dank ihrer sonderbaren Schönheit, ihrer fremden Anmut, ihrem legendenhaften Glanz verschwindet die Trivialität des Bahnhofsplatzes und vor meinen ekstatischen Augen steigt ein bewundernswertes Japan auf."

Die drei Schubladen, in der das unbekannte Land sortiert wurde, trugen die Klassifizierung: Abgrenzung und Entfremdung, Vergeheimnissung und Verklärung, zum Schluss Herabsetzung und Verneinung. Kurz gesagt: Im europäischen Spiegel wurde die Andersartigkeit Japans reflektiert, bestaunt, bewundert, aber zum Schluss abgelehnt, da Japan nicht dem zivilisatorischen Rang des Westens entsprach.

Erst im 20. Jahrhundert begann eine differenzierte Betrachtungsweise von Japan und seinen Bewohnern. Hatte man gelernt, dass es mehr als eine Denkweise gibt und die Wahrheit eine Reflektion der Perspektive ist, erschienen Japaner weniger mysteriös – dafür wesentlich vielschichtiger. Wie Kurt Singer nach dem II. Weltkrieg in „Spiegel, Schwert und Edelstein", einem der besten Bücher über Japan, schrieb: „Mit den Römern teilen sie den zähen Willen zu irdischer Macht, verbunden mit einer hohen Achtung vor althergebrachten religiösen Bräuchen. Zuweilen wecken sie Erinnerungen an die Athener in der Leichtigkeit der Berührung, der kühnen Wißbegierde und dem Wunsch, auf den Flügeln des Augenblicks auszuruhen. Oder sie beweisen einen französischen Sinn für Form, Eleganz und Geist. Dann wieder sind sie zielbewußt und hartnäckig wie die Deutschen. Wie die Spanier lieben sie grandezza und arrogancia. Und zusammen mit allen diesen Eigenschaften treten auch deren Schattenseiten in Erscheinung: Überempfindlichkeit, Passivität, Trockenheit, Oberflächlichkeit, Unbeständigkeit, Schwerfälligkeit und Hochmut."

Reinhold von Werner: Die preußische Expedition nach China, Japan und Siam in den Jahren 1860, 1861 und 1862: http://bit.ly/JS3PPN
Unsere Tage - Blicke aus der Zeit in die Zeit: http://bit.ly/KjGMtO
Rudyard Kipling, From Sea to Sea: http://bit.ly/IeehPr

Der Name der Rose

下の名前

shita no namae (Vorname)

Früher war das Leben unkomplizierter. Es galt die alte klassische Lehre: Alle Dinge haben ihre Wurzeln im Himmel, nur der Mensch wurzelt in seinen Ahnen. Drei Generationen wohnten unter einem Dach, die Autorität des Vaters wurde nicht hinterfragt, Frauen übten den dreisamen Gehorsam aus – als Tochter gegenüber dem Vater, als Ehefrau gegenüber dem Mann und als Witwe zum ältesten Sohn. Kaum jemand ahnte etwas von Shakespeare und Romeo und Julia und der berühmten Balkonszene: „Was ist ein Name? Was uns Rose heißt, wie es auch hieße, würde lieblich duften." Stattdessen hießen in Japan Söhne Hiroshi („Intelligent"), Yamato („Große Harmonie") oder Junzo („Dritter Sohn"), Töchter wurden Yoko („Sonnen-Kind"), Tomoko („Kind der Weisheit"), Chiyoko („Kind von tausend Generationen") oder Aiko („Liebes-Kind") genannt. Inzwischen ist der 1,5-Kind-Personen-Haushalt die Regel, Achtung wird nicht gegeben, sondern muss eingefordert werden und bei der Namensgebung triumphiert nicht herkömmliches, sondern die Neuzeit. Mangafiguren wie Yua und Talento, Nachwuchssängerinnen wie Yui haben ihre lautmalerischen Spuren hinterlassen.

Die beliebtesten Vornamen für Jungen:		**Die beliebtesten Vornamen für Mädchen:**	
Hiroto	großer Flieger	*Yui*	eleganter Kimono
Ren	rein und ehrlich	*Aoi*	Malve
Yuuma	ausdauernd und wahr	*Yua*	der Knoten, Liebe und Zuneigung
Souta	reibungslos und großartig	*Rin*	kalt
Sora	blauer Himmel	*Hina*	phonetisch ergeben die zwei Schriftzeichen „Sonne" und „Gemüse" die Bedeutung „Kücken"

www.japanische-namen.de

91

VOM LEBEN UNTER DEM SCHNEE

Manche Erinnerungen sind zu ungewöhnlich, als dass sie erfunden sein könnten. Zum Beispiel die, als Gott das erste Mal zu den Japanern sprach und sich als Mensch erwies. Eine winterliche Dorfgeschichte aus Nippons tiefster Provinz.

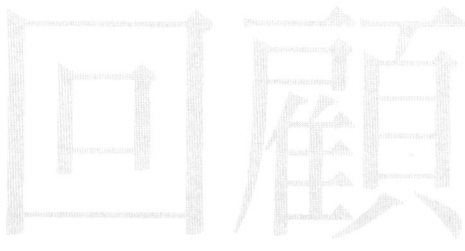

kaiko *(Erinnerung)*

Es gibt Landschaften, die schreiben ihre Geschichten fast von allein. Eine dieser Geschichten beginnt so: „Als der Zug aus dem langen Grenztunnel herauskroch, lag das Schneeland vor ihm weit ausgestreckt. Die Nacht war weiß bis auf ihren Grund ..." Es sind die ersten Sätze der berühmten Novelle „Schneeland" von Yasunari Kawabata. Der spätere Nobelpreisträger Kawabata begann 1934 mit seinem Werk, veröffentlichte zwischen 1935 und 1937 einige Auszüge; zwei Jahre nach Kriegsende, in einer Zeit des Hungers und der Umwälzungen, wurde die vollständige Novelle zum ersten Mal publiziert. Sie war eine literarische Sensation. Erzählt wird die unglückliche Liebesgeschichte zwischen einem zynischen Tokioer Lebemann und einer jungen Geisha. Skifahrer treten nicht auf, es finden keine fröhlichen Rodelpartien statt. Stattdessen berichtet Kawabata von kalter Einsamkeit, verlorenen Träumen und der Unfähigkeit, zu lieben. Darüber spannt sich ein grauer, schneeverhangener Himmel.

Ort der Handlung ist ein namenloser Badeort in den Bergen. Was der Begriff Schneeland bedeutet, sagt Kawabata nicht. Überflüssig, etwas zu erklären, was jedes Schulkind weiß. Für den Romancier war Schneeland ein Platz der Fantasie, gleichzeitig ist es aber auch ein geographischer Standort. Es sind jene vier Provinzen Nord-Honshus, die an das Japanische Meer grenzen. Sie heißen Niigata, Yamagata, Akita und Aomori. In alten Zeiten wurde das Gebiet ura nihon bezeichnet – die Rückseite Japans.

Es war ein Raum außerhalb der klimatischen Leichtigkeit Tokios. Dort liegen selbst im Dezember die durchschnittlichen Tagestemperaturen häufig über zehn Grad. Ende Februar kann man sich schon an der Pflaumenblüte erfreuen. Im Schneeland war der Winter ein Tyrann, der das Leben diktierte. Niemand kann ihm entkommen. Anfang November fielen die ersten Flocken vom Himmel. Schnee türmte sich vier, fünf Meter hoch, begrub Straßen und Häuser, Felder und Wege.

Wie Bären zogen sich die Menschen in ihre Häuser zurück. Um ans Tageslicht zu gelangen, mussten sie Tunnel graben. Über den im Schnee versunkenen Familiengräbern imitierten sie Grabstätten aus Eis. Die Frauen trugen nicht Kimonos, sondern Schneehosen und ein Hutcape, das bis zu den Knien reichte. Um in der weißen Einöde voranzukommen, banden sich die Bewohner Schneeschuhe um. Das Gehen mit den Schuhen hieß im nördlichen Dialekt yuki-o kogu, es bedeutet „durch den Schnee paddeln". Ende Mai mussten für die rechtzeitige Reisaussaat die

Felder vom Schnee freigelegt werden. Dafür wurden mit langen Sägen meterdicke Schneeblöcke herausgefräßt und auf Schlitten abtransportiert. Bei der Arbeit trugen die Männer Umhänge aus Riedgras. Wenn die Frauen die Setzlinge pflanzten, versanken sie im kalten Schlamm. An den Feldrainen türmten sich meterhohe, schmutzige Schneereste. Alle träumten vom Sommer.

Heute schreibt der Nordwesten Japans keine Novellen mehr, sondern Werbebroschüren für Skiressorts. In denen vergnügt sich die junge Freizeitgesellschaft Tokios. Snowboardfahren ist megain, im Japanischen heißt das cho hayari. Für die schnelle Reise in den Winter gibt es das Flugzeug oder den Shinkansen. Nur Traditionalisten nehmen noch den langsamen Nachtzug. Er heißt Blue Train und startet in Omiya, ein Verkehrsknotenpunkt vor den Toren Tokios. Jetzt, Mitte Februar, liegt schon eine Ahnung von Frühling in der Luft, aber die Passagiere tragen Wollmützen und Steppjacken und festes Schuhwerk. Kurz nach 22 Uhr rumpeln die Waggons Richtung Akita in die Nacht.

Akita ist die sechsgrößte Präfektur Japans, 11 000 Quadratkilometer, 1,2 Millionen Einwohner, Land- und Holzwirtschaft, Handel und Dienstleistungen, wenig Industrie. Auf ihren Internetseiten wirbt die Präfekturregierung mit Weite, preiswertem Lebensstandard und Naturschönheiten. Was natürlich eine propagandistische Umschreibung ist für schlechte Infrastruktur, geringes Einkommen und Mangel an Arbeitsplätzen.

Hinter der Provinzmetropole bilden die Schienen eine Gerade zum Dewa-Gebirge. Eiskristalle bedecken die Waggonfenster des Bummelzugs. Draußen überzieht eine weiße Decke das Land. Die Flussränder sind von Eis eingefasst. Kerzengerader Rauch steigt aus den Schornsteinen winziger Holzhäuser in einen blassen

Himmel. Dick vermummte Gleisarbeiter legen Weichen von Eis frei. Ihr Atem dampft in der kalten Luft. In Animaeda steigen wir aus. Der Bahnhofsvorsteher schaufelt Schnee, sein Stellvertreter fegt den Bahnsteig. Im Wartesaal wärmen sich zwei Realschülerinnen am Ofen. Die Kioskbesitzerin schlürft heißen Tee. Über der Eingangstür hängt ein Werbeplakat, auf dem blühende Kirschbäume die Hoffnung auf den Frühling aufrecht halten.

Leben wie die Maulwürfe

Animaeda ist ein Dorf aus einer verloren geglaubten Zeit: Rund achttausend Einwohner, genau zehn Schneepflüge, keine Sehenswürdigkeiten. Die Hauptstraße ist breit genug, dass drei Bulldozer nebeneinander fahren können und es auch tun, wenn der Winter kommt und der Schnee. Kaum ein Gebäude besitzt mehr als zwei Stockwerke. Entweder bestehen die Fassaden aus Holz oder einem Flickwerk aus Holz und Wellblech, oder aus Fertigbauteilen. Weiße Begrenzungslinien ersetzen Bürgersteige. Zwischen hässlichen Leitungsmasten hängt ein Gewirr von Kabeln. Der Supermarkt der Genossenschaftlichen Bäuerlichen Vereinigung verkauft Schneeschaufeln und Schneeschieber. Das privatwirtschaftliche Konkurrenzunternehmen hat kalifornische Orangen im Angebot. Die meisten Menschen leben von der Land- und Forstwirtschaft. Es gibt etwas Kleinindustrie. Im Osten, wo sich die Ausläufer der Dewa-Berge an das Dorf schieben, hüllen Nebelfetzen die Wälder ein. In den Bergen hausen noch Braunbären (Selenartos thibetanos japonicus).

Wir sind zu Gast bei Herrn und Frau Syoji. Er ist pensionierter Briefträger, der weniger den Tod fürchtet als die Untätigkeit des Alters. Von Frühling bis Herbst arbeitet er in der Apfelplantage seines Schwagers, bestellt sein Reisfeld, versorgt den Gemüsegarten. Im Winter schippt er Schnee. Er ist fast achtzig Jahre alt. Er hat noch nie Urlaub gemacht. „Japaner arbeiten zu viel", sagt er. „Japaner sind *baka*." Baka bedeutet dumm.

Seine Frau hat Lachfalten und die rosigen Wangen eines jungen Mädchens. Als 18-Jährige wurde sie verheiratet. Bei der Hochzeitsfeier sah sie ihren Mann zum ersten Mal. „Unsere Eltern haben das so entschieden, und wir haben gehorcht." Sie schüttelt den Kopf. „So primitiv. Wie vor tausend Jahren."

Ihr zweistöckiges Holzhaus erhebt sich am Dorfrand und ist gesichert, als gelte es einen Erdrutsch abzuwehren: Stützbalken unter dem Dach; ein Vorbau aus unbehandelten Holzstreben und Plastikbahnen umkleiden die Eingangstür. Lange Bretter und schenkeldicke Baumstämme lehnen schräg an den Hauswänden, um die Fenster zu schützen.

„Wir leben wie Maulwürfe", sagt Herr Syoji. In seinem Arbeitszimmer hängt eine selbstgefertigte Wettertabelle, ein weißes DIN-A3-Blatt, Querformat. Er benutzt einen schwarzen Filzstift und eigene Piktogramme: Ein offener Kreis bedeutet Sonnenschein; ist der Kreis ausgefüllt, heißt das wolkig; durchgezogene Striche stehen für Schnee. Laut der Tabelle war der letzte sonnige Tag der 12. November. Danach zeigt die Auflistung entweder Wolken oder Schnee. „In diesem Jahr hat der Wintermonsun früh begonnen", sagt Herr Syoji. Er meint die kalte Polarluft, die vom Osten Sibiriens nach Westen strömt. Beim Überqueren des Japanischen Meeres nehmen die trockenen Winde Feuchtigkeit auf, die sich an der Westküste als Schnee niederschlagen.

Im Japanischen heißt Schnee *yuki*. Wegen seiner hexagonalen Form wird er auch Sechserblüte genannt. Er wird mit einem Schriftzeichen geschrieben, und die Grundstriche sind den Zeichen für Regen, Donner und Nebel täuschend ähnlich. Dagegen heißt Schnee im Dialekt Akitas *yukiko; ko* bedeutet Kind. So wie jedes Ding seinen Namen besitzt, haben auch die verschiedenen Schneearten eine Bezeichnung: Schneeregen heißt *nure-yukiko,* Schneematsch *bota-yukiko;* sind die Schneeflocken dick wie Baumwollflocken, nennt man sie *wata-yukiko.* Der nasse, schnell schmelzende Schnee im Frühling aber heißt *arare-yukio,* was Schneeschaum bedeutet.

Für Monate herrscht jetzt die Zeit der langen Unterhosen. Sie sind von weißer Farbe, und nach dem Waschen hängen sie in Küchen oder Wohnzimmern zum Trocknen. Großer Beliebtheit erfreuen sich auch selbstgestrickte Wollsocken. Stiefel sind mit Schafwolle gefüttert. Frauen tragen dicke Baumwollhosen, formlose Pullover, Steppwesten und Schultertücher. Während sich die Bewohner perfekt auf den Wintereinbruch vorbereitet haben, scheinen ihre Häuser für ein tropisches Klima gebaut zu sein – dünne Holzwände, schlecht isoliert, Wellblechdächer ohne Wärmedämmung, einfache Fenster, durch deren Ritzen der Wind pfeift. Das Leben in ihnen ist ein ununterbrochenes Zähneklappern. Die Kälte scheint von überall zu kommen, aus dem Fußboden, den Wänden, der Decke.

Wärmequellen sind entweder kleine, tragbare Ölöfen oder gusseiserne Holzöfen oder Heizdecken. Viele Familien benutzen noch einen *kotatsu* – dabei handelt es sich um einen elektrischen Heizstrahler, der unter einem niedrigen Tisch steht. Über der Tischplatte liegt eine Steppdecke. Sie ist so groß, dass man sich in ihre Enden einwickeln kann. Das Ergebnis ist ein Wechselbad der Temperaturen: mollig warme Füße und Unterleib, alles darüber ein Eiszapfen.

Der einzige wirklich warme Platz in Animaeda ist das neue Heißwasserbad. Es ist ein ausladender Betonbau. Das Bad übt auch die Funktion eines Gemeinde- und Kulturzentrums aus. Am späten Nachmittag sitzen im Aufenthaltsraum Gruppen älterer Frauen und Männer. Sie trinken Dosenbier und kalten Sake und singen herzzerreißende Liebeslieder. Im Umkleideraum des Männerbades ziehen sich zwei Bauern aus. Es erinnert an das Schälen einer Zwiebel: Winterjacke, Pullover, Hose, Baumwolloberhemd, Nierenschutz, langärmliges Unterhemd, zwei Paar Wollsocken, lange Unterhose, kurze Unterhose.

Drinnen im Bad kann man kaum die Hand vor Augen sehen. Wasserdämpfe wallen, nackte Männer sitzen im Schneidersitz auf dem Kachelboden. Vor sich haben sie blaue Plastikschalen, in denen sie heißes und kaltes Wasser aus den in Kniehöhe angebrachten Kränen mischen. Sie benutzen dünne Baumwolltücher als Waschlappen. Sie haben Bimssteine, mit denen sie sich die Hornhaut von den Fußsohlen schaben. Sie rasieren sich ohne Rasierseife. Nach dem Waschen liegen sie bis zum Hals im heißen Wasserbecken, sorgenfrei und wohlig grunzend.

Wenn wir in der Dunkelheit zurückkehren, hat Frau Syoji schon das üppige Abendessen vorbereitet: Tomatensalat und eingelegte Gurken, roher Fisch oder Schnitzel, gegrillter Fisch oder gebratene Leber und Tempura. Das Essen endet mit einer heißen Miso-Suppe und einer Schale dampfenden Reis. Der Reis, rundkörnig und klebrig, ist Höhepunkt jeder Mahlzeit.

„Ihr solltet länger bleiben", sagt Herr Syoji. „Einen Monat, zwei Monate. Bleibt, solange ihr wollt." Seine Frau nickt. Der Besuch ist eine willkommene Abwechslung. Sonst haben sie nur sich und den Fernseher. Jetzt ist der Apparat selten an. Höchstens, wenn die lokalen Abendnachrichten laufen. Die Nachrichten verstärken noch das Gefühl der Unwirklichkeit und Weltentrücktheit. Einmal verliest ein düster blickender Sprecher folgende Meldung:

Ein männlicher Fahrgast habe sich mit einem Taxi von Tokio nach Akita City fahren lassen und den Fahrpreis von umgerechnet tausend Euro nicht bezahlt. Am nächsten Abend verkündet der gleiche Sprecher die Verhaftung von zehn Mitgliedern der Forstbehörde. Während ihrer Arbeitszeit seien sie beim illegalen Glücksspiel erwischt worden. Das Corpus delicti, zwei Würfel in einer Plastiktüte, wird in Zeitlupe herangezoomt. Zum Abschluss füllt der Abteilungsleiter die Mattscheibe aus. Gramgebeugt entschuldigt er sich für die kriminellen Aktivitäten seiner Untergebenen.

Wenn ein Sturmwind durchs Leben jagt

Einmal in der Woche trifft sich Herr Syoji mit der Dorfprominenz zum Mahjong-Spielen. An diesem Abend haben wir Besuch von drei alten Damen. Sie heißen Sato, Soji und Chiyo und sind Bäuerinnen. Sie tragen weite Hosen, dunkle Wattejacken, darüber Schürzen. Sie sind weit über achtzig Jahre alt, ihre Rücken sind gekrümmt, die Handflächen von Schwielen überzogen.

Zwei Ölöfen glühen. Frau Syoji serviert grünen Tee und warmen Reiswein und salzige, mit Seetang belegte Reiskekse und kalifornische Orangen. Die alten Damen fragen, was der fremde Gast wissen will. „Alles", antwortet der. Da lachen sie. Der Gast sagt: „Wie es früher war. Das Leben, die Menschen, der Winter." „Alte Geschichten", tun sie abwertend. „Wenn niemand sie aufschreibt, gehen sie verloren." *„So, né"*, murmeln sie. Dies sind ihre Erinnerungen:

Bevor der große Krieg ausbrach, der die japanische Gesellschaft durcheinanderwirbelte wie ein gewaltiger Sturm, war das Leben ein langer, ruhiger Fluss. Jedermann hatte seinen Platz. Es gab viele Arme und einige Reiche, aber das war Karma. Wer zu jener Zeit in Animaeda lebte, vergaß, dass noch andere Plätze existierten. Kaum ein Bewohner verließ das Dorf für Ausflüge oder Reisen. Alles spielte sich in einem Radius von zwanzig, dreißig Kilometern ab – einem Tagesmarsch. Das Dorf war das Zentrum der Welt, der Mittelpunkt des Lebens. Wenn Wissen korrumpiert, dann befanden sich die Menschen noch im Stand der Unschuld. Reichtum wurde in Land gemessen, und die Maßeinheiten lauteten *tsubo, tan* und *cyobo;* dreihundert tsubo entsprachen einem tan (993 Quadratmeter), zehn tan waren ein cyobo. Ein mittlerer Bauer besaß drei bis fünf tan, ein wohlhabender Farmer einen cyobo. Wald war in dieser Rechnung nicht eingeschlossen; was zählte, war kultiviertes Land, Reisfelder.

In Animaeda waren neunzig Prozent der Bevölkerung Pächter. Sie bearbeiteten den Boden einiger weniger Großgrundbesitzer und bezahlten in Naturalien, dreißig Prozent der Ernte. Sie hielten Hühner und Enten. Es gab Schweine und Ziegen, aber keine Schafe. Nur wenige Bauern besaßen Kühe und Pferde. Angebaut wurden Nassreis, Hirse, Buchweizen und Hanf, auch Gemüse wie Süßkartoffeln, Rettich, chinesischer Kohl, Gurken. Manche Familien verdienten sich ein Zubrot mit Seidenraupenzucht.

Reis war die wichtigste Feldfrucht. In den alten Zeiten wurde Reis als Zahlungsmittel und Maß der Steuerabgabe benutzt. Lehnsherren entlohnten ihre Samurais mit einer genau festgelegten Menge Reis. Im Japanischen ist Reis, *gohan,* das Synonym für eine Mahlzeit. Reis bedeutete Leben und Überleben. Reisanbau setzt absolut flache Felder voraus. Wichtig ist ein stetiger Wasserzufluss. An den Rändern werden die Felder von einem Erdwall begrenzt, der das Wasser staut. In der Ebene können die Felder sehr groß sein, in bergigen Gebieten sind sie terrassenförmig angelegt. In Animaeda lagen viele Felder in den Bergen. Sie waren klein, schwer zu erreichen, mühselig zu bewässern. Oft mussten kilometerlange Zuläufe angelegt werden.

Gepflanzt wurde der Reis am 15. Juni. Alle Arbeiten wurden per Hand ausgeübt. Blätter, Gräser, Mist und menschlicher Kot dienten als Dünger. Lagen die Felder hoch oben in den Bergen, bedeckte selbst im Juni noch eine harte Schneeschicht den Boden. Mit großen Handsägen wurden dann Schneeblöcke herausge-schnitten, die man neben den Feldern auftürmte. Die Männer brachten die Setzlinge zu den gefluteten Feldern, Frauen und Mädchen setzten die Pflanzen. Sie arbeiteten barfuß, ihre Kleider hochgebunden bis zu den Hüften. Das Wasser war sehr kalt. Oft versanken die Frauen tief im morastigen Untergrund.

Geerntet wurde im Oktober. Gedroschener Reis wurde nicht in Säcken, sondern in Behältern aus geflochtenem Stroh verpackt. Ein Ballen enthielt sechzig Kilogramm Reis. In guten Jahren erbrachte ein Feld von einem tan, also 993 Quadratmetern, ein-hundertsechzig bis zweihundert Kilogramm Reis. Ein Erwach-sener verbrauchte pro Jahr etwa einhundertachtzig Kilo Reis, Frauen und Kinder die Hälfte. Dies galt natürlich nur für die Rei-chen. Arme Pächterfamilien aßen eine Mischung aus Reis und Hirse.

Auf dem Land hatte Armut nichts mit Romantik zu tun. Mittel-losigkeit und Not waren ein Faktum. Jede Missernte bedrohte die Existenz. Um nicht zu verhungern, waren noch um die Jahrhun-dertwende Familien gezwungen, ihre Töchter als Prostituierte zu verkaufen. Verhütungsmittel waren unbekannt, Abtreibung existierte nicht. Im Durchschnitt hatte eine Familie sieben Kinder.

Drei Generationen lebten unter einem Dach. Im Sommer stan-den die Frauen bereits vor 4 Uhr morgens auf. Sie versorgten das Vieh, holten Wasser und Brennholz. Aufgabe der Großmutter war es, den Reis zu kochen. Die Männer zogen im Zwielicht des neuen Tages zur Arbeit auf die Felder. Gegen 7 Uhr kehrten sie zum Frühstück zurück. Danach arbeiteten sie weiter bis zur Dunkelheit. Niemand befolgte den Tag des Herrn. Die Kinder, die von montags bis samstags zur Schule gingen, mussten am Sonntag in den Wald, um Brennholz zu sammeln. Nur am Markttag wurde die Arbeit niedergelegt. In Animaeda war an jedem 3., 13. und 23. des Monats Markt.

Ende Oktober begannen die Vorbereitungen für den Winter. Wohnhäuser wurden mit schräggestellten Baumstämmen eingeschalt, damit der Schnee Wände und Fenster nicht eindrücken konnte. Dachfirste wurden abgestützt, Hauspfosten und Dachbalken verstärkt, um die Schneelast tragen zu können. Sträucher und die Kronen der Gartenbäume wurden entweder zusammengebogen oder hochgebunden, Pflanzen mit Strohmatten bedeckt. Gegen Nachfröste erhielten die Stämme der Bäume ein Schutzschild aus Reisstroh.

Es gab verschiedene Methoden, den Wintervorrat an Gemüse und Früchten zuzubereiten. Einkochen war nicht bekannt. Stattdessen wurden bestimmte Früchte im Sommer in der Sonne getrocknet. Gurken wurden in Holzbottichen eingelegt, und die Zutaten waren Wasser und Salz. Bei Rettich wurde der Salzlauge fermentiertes Reismehl zugefügt, das dem Gemüse eine hellgelbe Farbe verlieh. Jede Familie stellte ihre eigene Sojabohnenpaste für die traditionelle Miso-Suppe her. Buchweizenmehl war Grundlage für Nudeln. Da es wegen der häufigen Erdbeben keine Keller gab, musste ein anderer Vorratsraum geschaffen werden. Neben den Häusern wurden Gruben ausgehoben. Sie waren achtzig Zentimeter tief und hatten einen Durchmesser von sechzig Zentimetern. In solchen Erdlöchern wurden unter anderem Kartoffeln und Kohl gelagert: eine Lage Kohl, eine Lage Erde, eine Lage Kohl, usw. Darüber wurde ein Strohhut gestülpt.

So vorbereitet, erwarteten die Menschen den Schnee. Manchmal begann es bereits im Oktober zu schneien, normalerweise jedoch erst ab November. Schnee zu schippen war Aufgabe der Männer. Dafür benutzten sie breite, selbstgeschnitzte Spaten aus Buchenholz. Die Männer schaufelten die Dächer frei, damit diese nicht unter dem tonnenschweren Gewicht zusammenbrachen; sie legten Pfade zu den Straßen an, auf denen die Kinder zur Schule gehen konnten. Im Winter jagten sie Kaninchen und Vögel; sie fischten in Flüssen und Bächen. Sie zogen in die Wälder, um Holz zu schlagen. Die Bäume wurden mit Handsägen gefällt, und das Holz auf Schulterkiepen getragen oder mit Schlitten abtransportiert.

Aufgabe der Frauen war es, die Felder mit menschlichem und tierischem Kot zu düngen. Das geschah ab Januar, und es gab mehrere Gründe dafür: Im Frühjahr hätte man den Dung in Kübeln tragen müssen, und der Gestank wäre bestialisch gewesen. Jetzt aber erlaubte die harte Schneedecke den Einsatz von Schlitten, und in der beißenden Kälte war der Geruch erträglicher. Selbst wenn eine meterhohe Schneeschicht das Land überzog, so wussten die Frauen doch immer, an welcher Stelle sich ihre Felder befanden. In dieser weißen Wüste, in der alles gleich aussah, in der jeder Fremde verloren gewesen wäre, fanden sie ohne Schwierigkeiten ihr kleines Stück Land. Man konnte es nicht lernen, es war eine Fertigkeit, die man besaß. Am Ziel hoben die Frauen Löcher im Schnee aus, die sie mit dem Dung füllten. Der noch warme Kot schmolz den Schnee und sank langsam zu Boden.

Häufig schneite es tagelang. Gleich Bären in Höhlen vergruben sich die Menschen in ihren dunklen Häusern. Der einzige warme

Platz befand sich an der offenen Feuerstelle in der Küche, und die Sitzaufteilung um das Feuer zeigte den Status innerhalb der Familie. Das Familienoberhaupt saß immer in Blickrichtung zum Eingangsbereich des Hauses; rechts von ihm kniete seine Frau. Ihr gegenüber befand sich der Sitz des Gastes. Bei armen Pächtern schliefen Großeltern, Eltern und Kinder in einem Raum. Das Zimmer war nicht mit Tatami ausgelegt. Auf dem Holzfußboden wurde Stroh aufgeschüttelt, darauf wurden die Futons ausgerollt. Heiße Steine erfüllten die Funktion von Wärmflaschen (die im Feuer erhitzten Steine wurden, in ein Tuch eingeschlagen, in einem Holzkasten unter die Futons ins Bett gelegt).

Die Härten des Winters spiegelten sich in der Lebensweise der Menschen wider. Was bedeutete Glück? Glück waren eine gute Ernte, die Dorffeste, ein Gang über den Markt, ein voller Magen, ein neuer Kimono zum Geburtstag. Was bedeutete Individualität oder Freiheit? Die Wörter existierten nicht. Überflüssig, die Gedanken an etwas zu verschwenden, was doch nicht vorhanden war. Väter erwarteten von ihren Kindern Respekt, Mütter gaben Liebe. Leben bedeutete Arbeit, und am Ende wartete der Tod.

Waren die Töchter im heiratsfähigen Alter, wurde ein Mann für sie gesucht. Ehe war keine Gleichung mit Unbekannten, sondern mit Bekannten: Geld kam zu Geld, Land zu Land, Besitz zu Besitz. Lebte der Zukünftige im gleichen Dorf, wusste man wenigstens, wie er aussah, war vielleicht sogar ein wenig mit seinem Charakter vertraut. Kam er aus einer anderen Gegend, sah man ihn am Hochzeitstag zum ersten Mal. Trotzdem, keine Tochter hätte es gewagt, sich gegen die Entscheidung der Eltern aufzulehnen. Sie wussten es nicht besser. Dies war das einzige Leben, das sie kannten.

Frau Sato sagt: „Wir waren zu Hause sechs Kinder, und das Geld reichte weder vorne noch hinten. Wir haben von der Hand in den Mund gelebt. Wir mussten auf Kredit einkaufen oder Dinge von den Nachbarn ausleihen. Als ich erwachsen war, durfte ich manchmal den Göttern eine kleine Flasche Sake opfern. Ich bin zum Schrein gegangen und habe die Götter um Hilfe angefleht." Sie klatscht zweimal in die Hände, verbeugt sich tief. „Dann durfte ich den Sake trinken." Sie seufzt: „Das war etwas Besonderes." Frau Shoji schüttelt den Kopf: „Seltsam, erst nachdem wir den Krieg verloren haben, hat sich unser Leben verbessert."

So, wie wir uns an den Fall der Mauer erinnern, gibt es für ältere Japaner ein unauslöschbares Datum. Es war der Mittag des 15. August 1945, als der Kaiser über Rundfunk die Kapitulation Japans mitteilte. Er benutzte archaische Sprachwendungen, die nur wenige seiner Untertanen verstanden. Seine hohe Stimme, auf einer Schallplatte gepresst und dann abgespielt (die Rede war am Vortag aufgenommen worden), unterbrach die Arbeit im ganzen Land: „… wie anders vermögen wir die Millionen unserer Untertanen zu retten oder uns vor den geheiligten Geistern unserer Vorfahren zu rechtfertigen?"

„Bis dahin hatte niemand von uns geglaubt, dass wir den Krieg verlieren würden", erinnert sich Frau Chiyo. „Als wir die Stimme des Kaisers hörten, waren wir wie vor den Kopf geschlagen. Zwei, drei Stunden haben wir dagesessen, nichts getan, nicht gewusst, was zu tun ist." Kein Wunder, Gott hatte zum ersten Mal zu ihnen gesprochen und ihnen klar gemacht, dass er ein Sterblicher war.

Als die Frauen ihre Erzählungen beendet haben, sitzen sie erschöpft da. Ein Sturmwind ist durch ihr Leben gebraust. Alles hat sich rasend schnell verändert. Innerhalb einer Generation haben sie einen Zeitsprung gemacht, für den andere Länder

Jahrhunderte benötigt haben: Aus dem Nichts an die Spitze, von bitterer Armut zu beneidenswertem Wohlstand. Die Fesseln der Knechtschaft sind ihnen abgenommen worden. Sie sind frei, versorgt, behütet. Trotzdem wirken sie zweifelnd und orientierungslos. Sie haben das Gestern verlassen, aber ihre Seele scheint noch nicht im Heute angekommen zu sein. Mag sein, sie wissen, dass all ihr Besitztum nur Trug und Blendwerk ist. Am Ende besitzen auch sie nur den Ort ihrer Geburt und die Kraft ihrer Erinnerungen.

Bevor sie aufbrechen, beschenkt Frau Shoji sie mit kalifornischen Orangen. Die Drei knoten ihre Kopftücher fest, legen warme Schultertücher um und schlüpfen in ihre Stiefel. Ihre Danksagungen klingen, als hätte der fremde Besucher ihnen einen Gefallen getan und nicht sie ihm. Dann eilen sie zu ihren Familien. Es ist spät geworden. Mondlicht liegt auf dem Schnee wie eine silberne Decke, und die Zypressen, groß, stumm, schneebedeckt, werfen lange Schatten. Das Dorf ist still. Frau Shoji sagt: „So war unser Leben."

Stadtführer Akita: http://bit.ly/RCIprl
Reiseführer der Präfektur Akita: http://bit.ly/RCIprl

ZU GAST UNTER MILLIONEN

Wo 11,5 Millionen Japaner bis zum Hals ins heiße Wasser tauchen und 49,5 Millionen sich selbst suchen und finden – an diesen Reisezielen sind Sie bestimmt nicht allein.

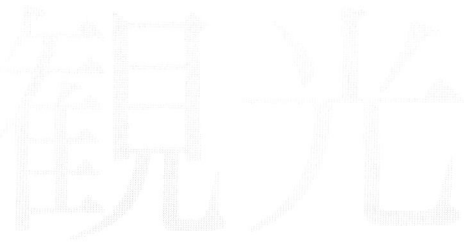

kanko *(Besichtigung)*

Was wir westlichen Bildungsreisende besuchen, ist in der Regel schnell aufgezählt: Tokio, Kyoto, Nara, Kamakura und Nikko. Aber welche Orte bevorzugen die Japaner im eigenen Land? Wo verbringen sie am liebsten ihren Kurzurlaub? Was sind für sie die attraktivsten Sehenswürdigkeiten? Eine Reise auf den Spuren von Millionen zwischen Hokkaido und Kyushu:

Beppu: Bis zum Hals im heißen Wasser

11,5 Millionen Besucher jährlich können nicht irren: Wenn es denn ein Paradies für die Freuden des heißen Bads gibt, dann heißt das Beppu. Der Ort liegt auf einem Landstreifen an der Nordostküste der Insel Kyushu, malerisch eingefasst von Bergen und dem Meer.

Badeorte, in denen heiße Thermalquellen entspringen, heißen im Japanischen Onsen. Zwischen Hokkaido und Kyushu sprudeln rund 30 000 dieser Quellen vulkanischen Ursprungs; über zweitausend davon sind wegen ihrer therapeutischen Wirkung anerkannt. Es gibt rund 3100 Badeorte. Vor allem in den Bergregionen liegt ein Thermalbad neben dem anderen. Baden in heißen Quellen, verbunden mit dem Besuch eines luxuriösen Hotels oder Ryokans, gilt als eine der beliebtesten japanischen Urlaubsbeschäftigungen.

In Japan bedeutet das heiße Bad mehr als Säuberung und Entspannung. Bereits im 8. Jahrhundert gab es in buddhistischen Tempeln Dampfbäder für die Reinigung der Seele und um Krankheiten auszutreiben. Als Schutzpatronin aller Badehäuser gilt die Kaiserin Komyo. Die Legende berichtet, im 9. Jahrhundert habe sie das erste öffentliche Bad geschaffen. Bis dahin hatten nur Adel und Samurai das Recht, ein eigenes Bad im Haus zu besitzen. Später regelte eine Verordnung, dass jeder Häuserblock ein öffentliches Badehaus, im Japanischen „Sento", haben musste. Die sorgten nicht nur für Sauberkeit, sondern bei einer Feuersbrunst auch für genügend Wasser.

Beppu ist der beliebteste Badeort des Landes: 125 664 Einwohner, 2849 heiße Quellen, 168 öffentliche Bäder und ein Wasserausstoß von 102 411 Liter pro Minute. Die neun Wassersorten haben radioaktive, alkali-, kupfer-, eisen- oder schwefelhaltige Anteile. Eingesetzt wird es gegen Arthritis und Rheuma, Akne und Hautstörungen, bei Diabetes, Magenbeschwerden, hohem oder niedrigem Blutdruck.

Heiße Quellen kurieren alles, außer einem gebrochenen Herzen, sagt das japanische Sprichwort. Nur zum Anschauen sind die sogenannten Jigoku, kochende Schlammteiche mit Namen wie Teufelsberghölle, Meereshölle, Goldene Drachenhölle. Die Quellen enthalten Mineralien, die das Wasser Blutrot färben („Blutlachenhölle") oder schießen regelmäßig kräftige Fontänen in den Himmel („Wasserspeierhölle"). Um den Hauptbahnhof befindet sich die größte Dichte an Hotels, traditionellen Gasthöfen und Badehäusern. Wenn Badegäste zum Nachmittagsbummel aufbrechen, haben sie Yukatas an, leichte Baumwollkimonos. Traditionalisten tragen dazu Geta, Holzsandalen, deren zwei hohen Stege bei jedem Schritt auf dem Asphalt klacken. Die meisten Besucher kommen nicht zur Heilung, sondern zur Erholung und Entspannung: baden, opulent essen, baden, feiern, baden, schlafen. Ein schönes Leben, das es wert ist, nachgeahmt zu werden.

www.onsenjapan.net
www.onsen-japan.info

Kyoto oder Die Wiege des japanischen Seins

Jahr für Jahr strömen rund 49,55 Millionen japanische Touristen herbei – das ist selbst für Nippon Rekord. Beim Versuch, dem Erfolgsgeheimnis auf die Spur zu kommen, zitieren wir hier eine Untersuchung ausländischer Soziologen über das inländische Reiseverhalten: Japaner, so ihre Analyse, sind auf der Suche nach einer nostalgischen Bestätigung der eigenen Kulturlandschaft, erforschen und beschwören durch ihre Reisen die nationale japanische Identität, bekräftigen so ihr Japanisch-Sein. Kyoto, über 1000 Jahre lang kaiserliche Residenz, erfüllt den Anspruch nach der eigenen Identität auf vorbildliche Weise. Mit mehr als 1600 buddhistischen Tempeln und 400 Shinto-Schreinen ist die Stadt die kulturelle Schatzkammer des Landes. Schulklassen, Bustouren, Firmenabordnungen und Einzelreisende bewegen sich auf den ästhetischen Spuren ihrer geschichtlichen Vergangenheit: Gärten zum Kontemplieren, Paläste zum Staunen, Schreine und Tempel zum Meditieren. Wer die touristischen Klassiker aufsucht, ist selten allein. Über zehn Millionen Besucher treten jährlich durch das Westtor, zahlen Eintritt zur buddhistischen Anlage Kiyomizu, dem „Tempel des reinen Wassers", dessen Geschichte bis ins Jahr 798 zurückgeht. Rund sechs Millionen Gäste hoffen auf Sonnenschein, wenn sie zum goldverzierten Kinkaku-ji pilgern. Der „Goldene Pavillon", 1398 erbaut, war zuerst Residenz eines Kriegsherren, später Sakralbau. 1950 wurde er von einem Mönch niedergebrannt, 1955 originalgetreu rekonstruiert. Seitdem strahlt er in altem, neuen Glanz und erinnert die Japaner daran, woher sie kommen – und vielleicht, wohin sie gehen.

http://bit.ly/TUfHI1

Tokio oder Die Verinnerlichung im Meiji-Schrein

Ein zehn Meter breiter Kiesweg, der durch ein mächtiges Torri aus einer taiwanesischen Zypresse führt. In der Neujahrsnacht und den ersten Tagen des neuen Jahres schieben sich auf dem Weg über drei Millionen Gläubige im Schritttempo vorwärts: Frauen im Festtagskimono, Männer im guten Tuch, Kleinkinder, dick eingewickelt gegen die Winterkälte. Die Visite ist ein genau vorgeschriebener Ablauf von Riten und Exerzitien. Beim Durchqueren des Haupttores verbeugt man sich, entsagt dem Weltlichen. Zur geistigen Reinigung werden am Wasserbecken die Hände gewaschen und der Mund gespült. Nach einer Geldspende ruft man durch zweimaliges Händeklatschen die Hilfe der Götter herab. Um Mitternacht durchdringen nicht Böllerschläge die Stille, sondern der sonore, der summende Klang der Tempelglocken. 108-mal werden sie geschlagen, entsprechend den 108 Gliedern des buddhistischen Rosenkranzes. Sie sollen das Böse vertreiben, Segen und Erlösung in alle Welt tragen. Der Meiji-Schrein gilt als einer der wichtigsten Sakralbauten und Pilgerziele Japans. Errichtet wurde er 1920 zu Ehren der göttlichen Seelen von Kaiser Meiji (gest. 1912) und seiner Gemahlin Shoken (gest. 1914). 30 Millionen Menschen kommen jedes Jahr, spazieren durch den einzigen Wald der Millionen-Metropole, bewundern den Iris-Garten, bestaunen das einfache Teehaus. Im zentralen Heiligtum des Schreins sind die Überreste des Kaisers und seiner Gattin aufbewahrt. Priester mit einer Kopfbedeckung aus schwarz gefärbtem Papier („tate-eboshi“), einer Art Zepter aus Holz („shaku“) und im weißen Zeremoniengewand, das Reinheit symbolisiert, eilen durch die Anlage, um die vielen traditionellen Hochzeiten im Shinto-Stil vorzubereiten.

http://bit.ly/WTEeNm

Hakone oder Die kühle Berglust

Schon während der Heian-Zeit im 8. bis 12. Jahrhundert war das Gebiet eine beliebte Erholungsgegend. Damals durfte sich hier nur die Aristokratie vergnügen. Männer von Rang streiften durch dichte Wälder und ging auf die Jagd. Ihre Damen konnten kaum einen Fuß vor die Tür setzen. Der damaligen Mode entsprechend trugen sie zwölfschichtige Kimonos, und ihr schwarzes Haar reichte bis zum Boden. Inzwischen adelt nur noch der Charakter, und die Gleichheit des Geldes hat längst dafür gesorgt, dass auch der japanische Mittelstand sich eine Auszeit erlauben kann. Hakone zählt zu den beliebtesten Kurzzielen: 20 036 000 Besucher kamen im Jahr 2011. 15 390 100 Tagesausflügler strömen jährlich aus dem nahen Tokio und Yokohama herbei, um Asphalt und Beton gegen dichte Pinienwälder und klare Bergseen einzutauschen. Hotels und Gasthäuser verzeichnen 3 626 000 Übernachtungen. Aufgrund seiner Höhe von 700 bis 800 Metern bleibt das Klima auch in den schwülen, heißen Sommermonaten gemäßigt. Im glasklaren Ashi-See spiegelt sich der weißgepuderte Gipfel des heiligen Berges Fuji wider. Ausflugsboote, deren Form an spanische Galeonen erinnern, gleiten über die Wasserfläche. Alles da, um den japanischen Touristen zufrieden zu stellen: Wanderwege durch den Fuji-Hakone-Nationalpark, heiße Quellen, traditionelle Gasthäuser und ausreichend Nudelsuppen-Restaurants, um alle zu sättigen.

http://bit.ly/YfsHou
http://bit.ly/8wJ7JY

Disneyresort oder Micky Maus mit Mandelaugen

Was veranlasst japanische Mädchen und Jungen, sich kitschige Mützen mit den Gesichtern von Minni Maus oder Goofy zu kaufen und diese auch noch aufzusetzen? Was treibt Erwachsene dazu, Nudeln geformt wie Disneyfiguren zu erwerben? Und warum stehen in regelmäßigen Abständen Popcorn-Karren herum, die mindestens sechs verschiedene Geschmacksrichtungen anbieten, darunter eine mit Sojasoße und Curry? Des Rätsels Lösung: Wir befinden uns in Tokyo Disneyland in Chiba vor den Toren der

Hauptstadt. Umgerechnet 70 Euro Eintritt für die Perfektionierung des amerikanischen Vorbilds: Ein verlogenes Neuschwanstein, alias Cinderella Castle, unter einem falschen Himmel, Piraten ohne Blutrünstigkeit und zarte Cowboys, die wie Samurai schreiten. Tokio Disneyland war der erste Themenpark der Walt Disney Company, der außerhalb der USA unter Lizenz von einer fremden Firma gebaut wurde. Eröffnung wurde im April 1983 gefeiert, obwohl die Anlage bereits Monate zuvor fertiggestellt war – die Betreiber hatten auf besseres Wetter gewartet. Von Anfang an war der Freizeitkomplex ein Hit. Inzwischen strömen jährlich 14,45 Millionen Besucher in die Anlage. Im Jahre 2011 verzeichneten Tokyo Disneyland gemeinsam mit dem Schwesternpark Disney Sea, der 2001 für umgerechnet fast drei Milliarden Euro errichtet wurde, beeindruckende 25 366 000 Gäste. Das Überraschende: Die Parks sind kein kultureller Imperialismus, sondern die Adaption der Fremde auf japanische Weise. Interessant sind die subtilen Veränderungen. Der Kimono ist auch bei Zeichentrickfiguren ein beliebtes Kleidungsstück. Und natürlich piepst Micky Maus *„Irriashimase!"*, das japanische „herzlich Willkommen". Selbst die Aussprache klingt fern des amerikanischen Originals. Im Japanischen heißt Disneyland nämlich so: *dizuniirando.*

http://bit.ly/eCrtTN

Die zehn Gebote

jikkai (Zehn Gebote)

Im Buddhismus ist es „Der Edle Achtfache Pfad", der den wahren Weg weist. Am Ende steht die Erlösung, das Nirwana, das bewegungslose absolute Nichts. Dazu bedarf es: rechte Einsicht, rechte Anschauung, rechte Erkenntnis; rechte Gesinnung, rechte Absicht, rechtes Denken, rechter Entschluss; rechte Rede; rechtes Handeln, rechte Tat; rechter Lebenserwerb, rechter Lebensunterhalt; rechtes Streben, rechtes Üben, rechte Anstrengung; rechte Achtsamkeit, rechte Bewusstheit; rechte Sammlung, rechtes Sichversenken, rechte Konzentration, rechte Versenkung.

**Um in Japan den rechten Weg zu finden, empfiehlt es sich,
folgende Gebote zu beachten:**

1. Gebot Du bist in einem anderen Land. Folge den Regeln und Gesetzen des harmonisches Flusses, rede nicht zu viel und sei bescheiden.

2. Gebot Wenn Du ein Haus oder eine Wohnung betrittst, zieh' Deine Schuhe aus.

3. Gebot Kritisiere niemanden, außer Dich selbst.

4. Gebot Du darfst nicht laut werden.

5. Gebot Du sollst keine Tätowierung tragen, die haben nur Gangster.

6. Gebot Bade erst, nachdem du dich mit Seife abgewaschen hast.

7. Gebot Du darfst in der U-Bahn nicht essen und telefonieren.

8. Gebot Du sollst nicht bei Rot einen Fußgängerübergang betreten.

9. Gebot Dräng' Dich nicht in einer Warteschlange vor.

10. Gebot Stell' Dich nicht in den Mittelpunkt.

VON WALDLÄUFERN UND MALERFÜRSTEN

Sie gelten als zurückhaltend, introvertiert und ange-
passt. Dabei ist das Land voller überraschender Men-
schen, egal ob Japaner oder Ausländer. Noch mehr
Treffen der besonderen Art.

sogu dai-nisho *(Begegnungen, II. Teil)*

Der müßige Dachdecker

Zum ersten Mal begegnen wir ihm bei einer herbstlichen Wanderung, als er plötzlich wie ein Geist aus dem Pinienwald auf-
taucht. Ein moderner Waldläufer mit Gummistiefeln und einem
Trainingsanzug; ein weißes Stirnband aus Baumwolle befindet
sich knapp über der Brille. Um die Hüfte hat er eine Kordel
geschlungen, an der in einer selbstgefertigten Holzschneide ein
Buschmesser hängt. Zwar trägt er eine Fischerweste, aber eigentlich, erklärt er, sei er Pilzesammler. Er erweckt den Anschein,
als kenne er uns seit Jahren. Er spricht mit den Händen. Er heißt
Morikawa, was im Deutschen Waldfluss bedeutet. Der japanische
Begleiter brummt: „Sein Dialekt ist verständlich."

„Ich arbeite als Dachdecker", erklärt Herr Morikawa. Wie
der Job sei? *„Ma, ma"*, brummt er, was „es geht so" bedeutet. Er

überlegt einen Moment: „Gestern hat es den ganzen Tag geregnet. Zu nass, um draußen zu arbeiten. Ich bin in den Wald gefahren." Und vorgestern? „Ah, da schien die Sonne. Ein guter Tag zum Pilze sammeln. Ich habe über fünf Kilo gefunden."

Der japanische Begleiter wendet sich mir zu und flüstert in Englisch: „Seine Arbeitsmoral ist nicht gut."

Jetzt, zwei Jahre später, sind wir in das Dorf zurückgekehrt, in dem unser damaliger Fußmarsch begonnen hat. Draußen türmt sich der Schnee meterhoch. Im Aufenthaltsraum des öffentlichen Bades kommt der Ölofen nur schwer gegen die durchdringende Kälte an. An einem der Tische erblicke ich ein vertrautes Gesicht. Zwar verschwimmen die Augen hinter beschlagenen Brillengläsern, doch die spitze Nase und die kurzen Haare sind unvergesslich. Diesmal trägt er zur ausgebeulten Trainingshose einen Shetland-Pullover, keine Socken an den von der Kälte rot angelaufenen Füßen. Als er mich erkennt, pumpt er überschwänglich meine Rechte. Ob ich mich noch an ihn erinnere?

Sicher, Morikawa, der Dachdecker, der lieber Pilze sammelt. *„So desu, so desu"*, wiederholt er auf Japanisch, „so ist es, so ist es". Wie lange wir bleiben, will er wissen. „Ein paar Tage", sagt der japanische Begleiter. „Ihr müsst mich unbedingt besuchen. Am besten gleich morgen."

Er lebt in einer Ansiedlung, drei Kilometer außerhalb des Dorfes. Sein schmales Holzhaus steht neben einem einbetonierten Bach und hat ein blaues Wellblechdach. Er wohnt allein. „Ich muss alles selber machen. Kochen, putzen, waschen." Er ist achtundfünfzig Jahre alt. *„Taihén desu"*, murmelt er, das Leben ist hart. Im Flur, drei Schritte lang, ein halber Schritt breit, stehen zwei Paar Gummistiefel und ein Paar *geta*, traditionelle Holzsandalen.

Das Wohnzimmer ist gerade vier Tatamimatten groß. In der Mitte glüht ein niedriger Holzofen auf einem Blechuntersatz. Das heiße Ofenrohr zieht sich im Zickzack durch das Zimmer zu einer Öffnung in der Außenwand. Der Farbfernseher läuft und wird von niemandem beachtet. In zwei ausrangierten Apfelsinenkartons überwintern Gemüsepflanzen. Selbstpräparierte Forellen, auf dunkel gebeizten Holzplatten befestigt, hängen an den Wänden. Unter der Decke baumeln große Milchglasflaschen. In den Flaschenboden sind Löcher geschnitten. „Fischfallen", erklärt Herr Morikawa.

Ich sehe weder Bücher, noch Magazine oder Zeitungen. Mit dem Lesen und Schreiben hapere es bei ihm, sagt der Hausherr. Politik interessiere ihn nicht. Aber er diskutiere gern Sachen. Was für Sachen? „Über die Natur. Den Fischfang. Solche Sachen."

Die Berge sind seine Heimat, die Wälder sein Zuhause. Im Sommer und Herbst verschwindet er tagelang in der Wildnis vor der Haustür. Nie vergisst er, eine Notration mitzunehmen. Jenseits der wenigen Wirtschaftswege sind die Wälder unerschlossen und unzugänglich. Jedes Jahr verirren sich Menschen in den Bergen. „Selbst von der Forstbehörde haben sich schon welche verlaufen", sagt Morikawa. Er schüttelt den Kopf. „Idioten." Die Suchtrupps werden von der freiwilligen Feuerwehr organisiert.

Von Frühling bis Herbst arbeitet Morikawa als Dachdecker – wenn es denn mal nicht regnet oder die Sonne verlockend scheint; im Winter verdingt er sich als Schneeschipper bei Privatleuten: Dächer freischaufeln, Hauseingänge und Bürgersteige räumen. An langen, arbeitsreichen Tagen verdient er zehntausend Yen. Vor allem die Arbeit auf den Dächern sei gefährlich, erzählt er. Man könne leicht ausgleiten, sich alle Knochen brechen. Um nicht auszurutschen, schnallt er sich selbst gemachte Schneeschuhe unter die Stiefel. Die oval geformten Schneeschuhe haben in der Mitte zwei hölzerne Zacken, die sich wie Nägel in den Boden krallen.

Er führt ein einsames Leben. Jeder Wintertag ist wie der andere. Tagsüber schaufelt er Schnee, abends fährt er mit seinem Suzuki-Transporter ins öffentliche Bad. Danach kehrt er in sein winziges Wohnzimmer zurück, feuert den Ofen an, schaute fern und trinkt. Besondere Präferenzen hat er nicht. Bier, Sake, Kartoffelschnaps, Whisky, ihm schmeckt alles, sagt er.

Richtige Freunde besitzt er nicht, nur Trinkkumpane. (Darunter befindet sich ein ständig grinsender und unsäglich schwafelnder Mittdreißiger, der selbst nach Feierabend seine Postuniform nicht ablegt. Dabei ist er nur für den Fuhrpark zuständig, wie der japanische Begleiter abwertend aufklärt.) Und Frauen? „Die interessieren mich nicht", sagt Morikawa. Er war mal verheiratet, hat Kinder. Irgendwann haben ihn Frau und Kinder verlassen. Er sagt nicht wann, aber es muss Jahre zurückliegen. Kein Hochzeitsbild, kein Familienfoto ziert das Wohnzimmer. Die einzige Erinnerung die er besitzt, befindet sich tief versteckt in seinem Herzen.

Zum Mittagessen offeriert er eine köstliche Karpfensuppe. Die Suche nach Essstäbchen für seine Gäste beschäftigt ihn eine ganze Weile. Der japanische Begleiter, der ihm dabei hilft, entdeckt zu guter Letzt einige Wegwerfstäbchen in dem mit Winterpflanzen gefüllten Apfelsinenkarton. Geräuschvoll schlürfen wir die Suppe. Dazu trinken wir kaltes Bier. Das Ofenrohr glüht.

Beim Abschied drängt uns Herr Morikawa als Geschenk zwei seiner präparierten Forellen auf. Die staubigen Fische mit ihren aufgerissenen Mäulern und matten Glasaugen sorgen auf unserer

Bahnfahrt zurück nach Tokio bei den Mitreisenden für einiges Aufsehen.

Der katalanische Malerfürst

Im dritten Jahr seiner Wanderschaft um die Welt erreichte José Maria Tokio. Unterschlupf fand er in der Nähe des Bahnhofs Shin-Okubo. Es handelte sich um eine billige Arbeiterpension mit strengen Hausregeln: mitternächtliche Ausgangssperre, kein Alkohol und keine Frauen auf den Zimmern, rauchen nur im Gemeinschaftsraum. Morgens um 10 Uhr musste jeder das Haus verlassen. Geschlafen wurde in Doppelbetten, vier Betten in einem Raum. Es war ratsam, bereits früh am Abend das Gemeinschaftsbad aufzusuchen, da sonst ein Film aus Öl, Schweiß und Seifenresten die Wasseroberfläche bedeckte. Im Eingangsbereich staute sich die typische Fußbekleidung japanischer Bauarbeiter, *jikatabi*, staubige, wadenhohe Stoffstiefel mit einer Gummisohle, bei denen der große Zeh herausgearbeitet ist.

Weil er sich aufrecht hält, wirkt José Maria größer als er ist. Sein lockiges Haar, kurz geschnitten, sieht aus wie ein Wald aus Korkenziehern. Er trägt Brille und spricht mit den Händen. Er ist Katalane. In Barcelona hat er Architektur studiert. Bevor ihm statistische Berechnungen den Rest des Lebens vergällten, wollte er die Welt kennenlernen, die USA, Südamerika, Asien. Obwohl er eisern versuchte, sein Geld zusammenzuhalten, war von seiner Barschaft nicht mehr viel übrig geblieben. Tokio schien das Ende der Reise.

Gedanklich hatte er sich schon mit seinem Heimflug abgefunden, als er eines Morgens auf der Ginza eine Menschenmenge erspähte, die sich um einen semmelblonden Ausländer ballte. Danach sollte sein Leben nicht mehr dasselbe sein. Es war ein sonniger, warmer Herbsttag, und die jungen Mädchen in ihren kurzen Röcken und bunten Blusen wirkten wie die heiteren Nachboten des Sommers. Der Ausländer trug Wanderschuhe mit abgelaufenen Profilsohlen und hatte den Rundschnitt eines Augustiner-Mönches. Er war, wie sich später herausstellte, Schweizer. Er verkaufte kopierte Bleistiftzeichnungen. Bei denen handelte es sich um die amateurhafte Darstellung zweier mitteleuropäischer Klischees: der schäumende Rheinfall bei Schaffhausen; der architektonische Alptraum eines lunatischen bayrischen Königs, sprich: Schloss Neuschwanstein. – Die Zeichnungen fanden reißenden Absatz.

„Kleine Erlebnisse werfen lange Schatten", pflegte José Maria später zu sagen. Oder auch diesen Satz: „Manchmal ist die goldene Zukunft eine Straße, die wir klugerweise in der Vergangenheit betreten haben."

An jenem Herbsttag fuhr José Maria zur spanischen Botschaft, in der er sich mit grellen Postern der Touristikabteilung eindeckte. Er kaufte einen Skizzenblock der Größe DIN A2, Bleistifte in den Stärken HB und 2B, Radiergummi, Lineal. Seine ersten Zeichnungen waren eine Flamenco-Tänzerin und eine Stierkampfszene, womit er instinktiv die wichtigste Absatzregel erkannt hatte: Die Leute wollen das, was sie kennen. In einer kleinen Druckerei ließ er von den Skizzen hochwertige Kopien anfertigen.

Sein Produkt wurde ein Hit. Zeitungen berichteten über ihn. NHK, die staatliche Fernsehgesellschaft widmete ihm eine Reportage. Und die Leute kauften und kauften und kauften.

Zuerst klapperte er nur Groß-Tokio ab. Als sein Japanisch besser wurde, begann er, die Provinz zu bereisen. Fand irgendwo ein Schrein-Festival statt, José Maria war schon da oder würde bald kommen. Festivals waren wie Geld auf der Bank. Hunderttausende auf engstem Raum, gut gelaunt und angetrunken, das Geld locker in der Tasche. José Maria hatte ihnen etwas zu bieten. In seiner Cordhose, dem Seemannspullover im Stil der Bretagne – dunkelblau mit beigeweißen Streifen – und der Baskenmütze keck auf dem Kopf, repräsentierte er das Klischee eines französischen Künstlers. Er war der Billige Jakob der Kunstszene.

Inzwischen, zwanzig Jahre später, fliegt er im Frühjahr und Herbst mit neuen Zeichnungen ein. Er hat den süßlichen Geschmack einer Kundschaft verinnerlicht, die scheinbar nicht erwachsen werden wollen. Er zeichnet Hundebabys mit riesigen Augen, auf deren Kopf sich ein Spatz aufplustert; darüber steht: All you need is love. Er zeichnet kuschelige Katzen, mit und ohne Garnknäuel. Er zeichnet Puppen, deren Augen die Größe von Untertassen haben.

Seine Unterkunft ist nicht mehr eine billige Arbeiterpension, sondern eine Zwei-Zimmer-Wohnung in Tokios exklusivem Stadtteil Roppongi. Zu den großen Märkten und Festen fährt er nicht mehr mit der Bahn, sondern im eigenen Minibus. Begleitet wird er dabei von einem älteren Japaner. Während José Maria seine Verkaufsshow abzieht, rollt sein Faktotum die Kopien ein, Gummiband rum, tausendfünfhundert Yen; der nächste Käufer.

„Ich liebe Japan", lautet José Marias Credo.

Der stolze Bauer

„MacArthur hat uns das Land genommen", schimpft der Bauer im Dorf drunten beim Tempel. Douglas MacArthur war der amerikanische Generalissimus, der auf den Philippinen bei seiner Flucht vor der Armee des Tenno versprochen hatte, „I shall return" – und es auch tat. Nach Kriegsende wurde er Leiter der Militärregierung im besetzten Japan. 1951 enthob ihn Präsident

Truman seines Postens als Oberbefehlshaber der UN-Streitkräfte im Koreakrieg, weil er auf die anstürmende Soldateska des Mao eine Atombombe schmeißen lassen wollte, um den Chinesen eine Lektion zu erteilen. Trotzdem wurde er als Kandidat für die US-Präsidentschaftswahlen 1952 (election im Englischen) gehandelt. Worauf japanische Geschäftsleute auf der Ginza ein eindrucksvolles Spruchband aufspannten, auf dem stand: Mr. MacArthur, We Pray For Your Erection (Herr MacArthur, Wir beten für Ihre Erektion).

MacArthur war damals zweiundsiebzig Jahre. Die Wahl gewann dann doch Eisenhower, auch ein General, aus dem gleichen Krieg, aber von einer anderen Front. Es ist nicht bekannt, ob das Gebet für MacArthur erhört wurde.

Der Bauer heißt Norihiro Haga. Seine Familie zählte einst zu den Großgrundbesitzern der Gegend: einhundert Hektar Wald, Reisfelder, Wohlstand, Einfluss. Dann kamen Pearl Harbor, Der Große Asiatische Krieg, Niederlage, Besetzung, die Landreform der Militärregierung der Alliierten.

„Heute besitzen wir noch drei Hektar Wald und zweitausendfünfhundert Quadratmeter Reisfelder", schimpft Herr Haga. Er ist Ende Sechzig und etwas schwerhörig; seine Bewegungen sind noch immer voller jugendlicher Elastizität. Er trägt die Uniform derer, die auf und vom Land leben: Kakihose mit ausgestellten Oberschenkeltaschen, ein gleichfarbiges Hemd mit zwei Brusttaschen. Um den Hals hat er ein Baumwollhandtuch geschlungen. „Wir sind seit dreißig Generationen Bauern", sagt er.

Im Wohnzimmer steht ein Ahnenschrein, dunkles Holz, zwei Flügeltüren, eine sandgefüllte Schale für das Abbrennen von Räucherstäbchen, Apfelsinen und Äpfel als Opfergaben. Es gibt ein Familienstammbuch. In dem haben sich die Vorfahren mit

Schreibpinsel und chinesischer Tinte verewigt. Der Einzelne bedeutet nichts, die Familie alles. Die Blutlinie muss erhalten bleiben. Mag auch der Tod endgültig sein, in ihren Kindern leben die Eltern weiter.

Seine haben in Tokio studiert, die Tochter Medizin, der Sohn Recht. „Sie sind wieder zurückgekehrt", sagt der Vater selbstbewusst. „Der Junge arbeitet bei der Stadtverwaltung, die Tochter ist Ärztin."

Sein Stolz ist verständlich. Tokio ist voller Menschen, die vom Land gekommen sind, um in der Metropole zu studieren, ihr Glück zu machen, um dann eines Tages wieder zurückzukehren. Die meisten werden für immer bleiben. Tokio besitzt eine eigene Dynamik, die diejenigen, die ihr verfallen sind, nicht wieder loslässt.

„Unser Haus ist vierhundert Jahre alt", sagt Herr Haga. Er brüstet sich nicht, es ist eine Feststellung. Auf den ersten Blick wirkt es wie ein Museum, bis man merkt, dass es ein Heim ist, in dem Menschen leben. Ein Mischmasch aus Stilen und Elementen, Kitsch und Kunst: alte Eichenstützbalken, dunkle Kieferböden und -wände, Bambusliegen in der Veranda, vergilbte Tuschbilder an den Wänden, ein neue Mikrowelle in der Küche. Die gute Stube besitzt eine offene Feuerstelle, ein Viereck aus Gusseisen, in dessen Vertiefung Holzkohle glimmt. Darüber hängt, von einer eisernen Kette gehalten, ein Wasserkessel. Die Deckenpaneele sind aus Kiefernholz, dunkel gebeizt vom Alter und dem Rauch vieler Feuer.

In einer Zimmerecke steht auf einer Ablage ein außergewöhnlich schöner Amethyst. Der längliche Halbedelstein, fast vierzig Zentimeter hoch, ist in der Mitte durchgeschnitten. In der Aushöhlung funkeln die gebrochenen Quarzstückchen wie Smaragde. „Aus Brasilien", sagt Herr Haga.

In der Küche kniet seine Mutter und bügelt. Als junges Mädchen hat sie in Tokio studiert. „Ich habe sogar Englisch gelernt", sagt die alte Dame. – Woran sie sich noch erinnern kann? „Good morning. Please. Thank you." Die Worte kommen unbeholfen über ihre Lippen. Sie trägt die traditionelle sackartige Berghose, *mompe* im Japanischen. Ihre schwarzen Haare sind zu einem straffen Knoten gebunden. Am Hinterkopf hat sie einen kreisrunden, weißen Haarfleck. Bei der Arbeit benutzt sie ein winziges Bügelbrett, auf dem man gerade einen Hemdkragen glätten kann. Sie bügelt ein Betttuch. Sie ist achtzig Jahre alt.

Mag sein, dass die Familie durch die Landreform viel verloren hat, aber es gibt noch genügend Schätze. Neben dem Anwesen befinden sich die Stallungen und eine Scheune. Daran schließt sich ein bewaldeter Hügel, ebenfalls seit Jahrhunderten in Familienbesitz. Am Fuß des Hügels mündet ein Bach in einen Karpfenteich. Ein ausgetretener Fußweg führt auf die Anhöhe. In einem Bambushain steht ein Holzschrein, bewacht von zwei Steinskulpturen. Etwas weiter entdecke ich einen Findling, in dessen glatte Oberfläche ein Schachbrett eingemeißelt ist.

Die ewigen Badegäste

Egal, wo man wandert und in welche Himmelsrichtung man sich auch wendet, immer findet sich in der Nähe ein Badeort, der berühmt ist für seine heißen Quellen. Dieser heißt Hachimantai Onsen und liegt in einem ansteigenden Tal und besteht aus einer ernüchternden Ansammlung grauer Betongebäude und schwarzer Holzhütten. Die primitiven Unterkünfte bieten achthundert Kurgästen Platz. Unter denen sind dreihundert Dauerbesucher; sie zahlen umgerechnet 30 Euro pro Tag, müssen sich jedoch selbst verpflegen. Manche bleiben Monate.

Hinter den Gebäuden weitet sich das Tal zu einem Kessel. In dem zischen Dampfschwaden aus dem Boden wie aus defekten Heizrohren. Heiße Quellen sprudeln aus Felsspalten und vereinigen sich zu einem breiten Bach. Grün-gelbe Schwefelablagerungen bedecken den Untergrund; aus dem Schwefel wird Badesalz produziert.

Wir kommen kurz vor der Dunkelheit an und erregen in der Rezeption einiges Aufsehen. An unseren Hosen klebt der halbe Wald, die Schuhe bestehen aus einer soliden Lehmmasse, durchschwitzt sind die Stirnbänder; Grassamen hängen in unseren Haaren. Unsere rustikalen Wanderstöcke machen den Aufzug nicht vertrauenserweckender.

Nach dem ersten Schreck setzt der Portier zu einer medizinischen Grundsatzrede an: „In unserem Onsen behandeln wir hohen und niedrigen Blutdruck, Kreislaufbeschwerden, Hautstörungen, Magenbeschwerden. Auch bei Arthritis haben wir nachweisbare Erfolge. Außerdem ...“

„Wir sind nur müde Wanderer und suchen ein Nachtquartier“, unterbricht ihn der japanische Begleiter.

Unser einfaches Zimmer befindet sich in einer der Holzbarracken. Dauergäste können Münzwaschmaschinen und Trockenschleudern benutzen. Wir werfen unsere verdreckte Kleidung samt Schuhen in eine Maschine. Eine alte Dame leiht uns Waschpulver. Sie blickt uns prüfend an und sagt: „Sie scheinen mir noch recht jung zu sein, um Rheuma zu haben.“

Der japanische Begleiter beruhigt sie: „Wir sind nur zufällig hier.“

Rheuma oder nicht, das heiße Bad wollen wir uns nicht entgehen lassen. Zum Bad führen getrennte Eingänge. Auf Stoffbahnen stehen die chinesischen Schriftzeichen für „Frauen“ und

„Männer". Dahinter treffen sich alle wieder. Die Anlage hat die ausufernde Größe eines Tanzsaals. Es gibt verschieden große Holzbecken mit unterschiedlichen Wassertemperaturen; für mich bewegen sie sich zwischen heiß und kochend. Grüne Kunststoffmatten liegen auf dem Boden.

Bei den Badegästen handelt es sich um sehr alte Männer und sehr alte Frauen. In der extremen Luftfeuchtigkeit bewegen sie sich im Zeitlupentempo. Ich sehe keinen einzigen korpulenten Menschen, dafür drahtige Herren, hochbetagte Männer mit eingefallenem Brustkorb, aber sehnigen Armen, gekrümmte, o-beinige alte Damen; es scheint, als wäre ihnen mit dem Alter das Körperfett entzogen worden. Aber wahrscheinlich liegt es an ihrer Diät von Fisch und Ballaststoffen. Nicht ohne Grund werden Japaner im Durchschnitt älter als Bewohner westlicher Länder.

Vorsichtig gleite ich in eines der Becken. Ich lasse die Zehen wackeln und massierte die verkrampften Beinmuskeln. Ah! Fehlt nur noch ein üppiges Mahl.

Das Restaurant erweist sich als lärmige Abfüllstation, in der Kellner mit den Blicken von magenkranken Cholerikern ein strenges Regiment führen. Das im Übernachtungspreis enthaltene Abendmenü ist vegetarisch: pappiges, undefinierbares Gemüse, runzelige Auberginen, kalter Reis, versetzt mit Esskastanien. In der lauwarmen Miso-Suppe schwimmen drei bräunliche Rettichstücke. Der grüne Tee ist dünn wie Spülwasser.

Strafend blickt der japanische Begleiter den Kellner an: „Mein Gott, davon kann man ja krank werden." Der Kellner beugt sich vertraulich vor: „Mein Herr, die meisten Gäste bei uns sind krank."

Der japanische Begleiter bläst sich auf. Anklagend sagt er: „Wir sind heute acht Stunden gewandert. Wir haben den ganzen Tag nichts gegessen."

Der Kellner verströmt Verständnis: „Ein harter Tag."

„Jawohl, und ein harter Tag verlangt nach einer kräftigen Mahlzeit. Gibt es gebratenen Reis?"

„Es gibt gebratenen Reis."

„Fisch?"

„Wir haben gedünstete Forelle."

„Fleisch?"

„Die Schweineschnitzel sind sehr saftig."

„Bier? Sake?"

„Es gibt Bier und Sake."

„Na also!"

Beschwingt eilt der Kellner davon. Endlich ist er kein Krankenpfleger mehr, sondern ein Maitre.

Am Nachbartisch amüsiert sich ein Pärchen über uns. Das sind Frau Fukushima und Herr Kageyama. Da sie wie wir Baumwollkimonos tragen, können wir nicht unsere Visitenkarten austauschen. Frau Fukushima ist sechsunddreißig Jahre alt, Herr Kageyama achtunddreißig. Keine Badegäste. Er steuert einen Reisebus der Marke Fuso mit Bordküche, Toilette, Klimaanlage und ABS, sie herrscht über das Mikrofon, Tourguide. Gerade unternehmen sie eine dreitägige H2O-Tour durch Tohoku: zu den heißen Quellen von Hachimantai, zu den heißen Quellen am Towada See, zu den heißen Quellen auf der Halbinsel Shimokita.

Sechzig Passagiere, alle im Rentenalter. „Angenehme Gäste", sagt Frau Fukushima. „Nach dem langen Baden sind sie erschöpft und gehen früh zu Bett." Eine gute Reiseführerin, erklärt sie, müsse verständnisvoll sein, viele Informationen im Kopf haben und sehr viele Lieder auswendig können. Sie, beispielsweise, beherrsche ein paar hundert Texte. Gemeinsames Singen fördere das Gruppengefühl und ließe die Fahrt schneller vergehen.

„Für uns Busfahrer kommt Sicherheit zuerst", erklärt Herr Kagayama. „Und natürlich die Einhaltung der Straßenverkehrsordnung. Sehr strenge Gesetze. Nehmen wir an, die Reise dauert fünf Stunden. Dann reicht ein Fahrer. Dauert die Reise aber fünf Stunden und eine Minute, dann muss ein Ersatzfahrer dabei sein."

Er ist verheiratet. „In unserem Unternehmen sind alle Fahrer verheiratet. Das ist sicherer." Er nickt: „Firmenpolitik."

Busfahrer und Tourguide teilen sich nur eine Flasche Bier, danach ziehen sie sich zu einer frühen Nachtruhe zurück. „Firmenpolitik", erklärte Herr Kageyama.

Zu unserer Schande muss ich gestehen, dass wir kräftig weiterbechern, uns der Alkohol schnell zu Kopf steigt und wir ziemlich laut und lustig werden. Die arthritischen Badegäste betrachten uns mit amüsierter Nachsicht. Als wir auf unser Zimmer zurückkehren, dient uns der Kellner bis zum Restaurantausgang nach.

ALLES WATASHI ODER WAS?

Wie man im Japanischen auf siebzehn verschiedene Arten „ich" sagen kann – und trotzdem kein Egozentriker wird.

nihon-go *(die japanische Sprache)*

Drei unterschiedliche Schriften, drei verschiedene Höflichkeitsformen und siebzehn verschiedene Möglichkeiten „ich" zu sagen – keine Frage, Japanisch besitzt eine gewisse Kompliziertheit. Ursprung und Herkunft des Japanischen verbergen sich noch immer im Nebel der Vergangenheit. Eine enge Verwandtschaft besteht zu den Dialekten der Ryukyu-Inseln (Okinawa) und zum Alt-Koreanischen. Weitere Einflüsse sind zur uralo-altaischen Sprachfamilie erkennbar, dazu zählen unter anderem Finnisch, Ungarisch, Mongolisch und Türkisch. Zum Chinesischen existiert keinerlei Verwandtschaft.

Vordringlichste Aufgabe des Japanischen scheint nicht der Austausch von Informationen, Meinungen und Gefühlen zu sein, sondern die Feststellung des jeweiligen Status. Es gibt siebzehn verschiedene Formen des Ich – *watashi, watakushi, wai, washi, watai, wachiki, wasshi, wacchi, warawa, atai, atakushi, atashi, asshi, ate, boku, ore, onore* – je nachdem, ob ein Kind, ein Mann oder eine Frau spricht, ob man mit einem Untergebenen, Gleichgestellten oder Vorgesetzten kommuniziert. Gleiches gilt für das Du oder Sie, je nach Kontext heißt es: *anta, anata, kiden, omae, kimi, temae, kisama* oder *sokomoto*.

Futsugo heißt im Japanischen die Sprachform, die in einer normalen Konversation mit vertrauten Menschen benutzt wird. Danach wird es kompliziert. Höflichkeit ist integraler Bestandteil beim Satzbau und Wortschatz. Perfekt angebracht wird sie zur sprachlichen Waffe. Feinsinnig unterscheiden Japaner im Sprechstil zwischen *teineigo* (Höflichkeitsausdruck), *sonkeigo* (erhöhter Respektausdruck) und *kenjogo* (herabsetzender Bescheidenheitsausdruck); letzteres ist die verbale Backpfeife.

Verben verändern sich je nachdem, in welcher Sprachform sie eingesetzt werden. Das japanische Tätigkeitswort *kaku*, also schreiben, wird in der Höflichkeitsform zu *kakimasu*, in der erhöhten Respektform zu *okakinaru* und in der herabsetzenden Bescheidenheitsform zu *okakisura*.

Gewöhnungsbedürftig ist auch das Zählen. Zwar sind die reinen Ordinalzahlen recht einfach zu merken – *ichi, ni, san* stehen für eins, zwei, drei –, schwierig wird es jedoch, wenn man sie tatsächlich benutzen will. Je nachdem, ob man gebundene Sachen, lange, dünne Objekte oder flache oder runde Dinge kaufen will, Transportmittel zählt oder große Tiere, Dinge im Glas oder der Tasse – jedes Mal müssen neue Begriffe benutzt werden. Drei Bücher heißen plötzlich *sansatsu hon*, drei Bleistifte = *sambon empitsu*, drei Briefmarken = *sammai kitte*, drei Ferkel = *sanbiki kobuta*, drei Eier = *sanko tamago*, drei Pferde = *santo uma*, drei

Autos = *sandai kuruma,* drei Glas Bier = *sanbai biru.* Nur für Bohnenquark gilt der Zusatz *cho,* also: dreimal Tofu = *sancho tofu.* Als Unglückszahlen gelten übrigens die 4 und 9. Vier, ausgesprochen *shi,* ist ein Homophon für „Tod", neun, ausgesprochen *kun,* steht für „Leiden".

Einfacher ist dagegen die Aussprache. Japanisch ist eine Silbensprache. „N" ist der einzige, freistehende Konsonant. Wie im Deutschen gibt es die Vokale a, e, i, o, u. Tonhöhenakzente, wie zum Beispiel im Chinesischen, gibt es nicht. Schwierigkeiten bereiten höchstens die Langvokale ō und ū. Und die vielen japanischen Homonyme. Unter dem Begriff versteht man Wörter gleicher Aussprache aber unterschiedlicher Bedeutung. Japanisch hat davon jede Menge. Herausragendes Beispiel: das japanische Wort *kami.* Es bedeutet unter anderem: Vorsteher der Provinzbeamten, abschmecken, würzen, färben, beifügen, Papier, der obere Teil, Oberlauf, Obrigkeit, Gott, Göttin, Kopfhaar, Frisur. Wenn der Gesprächspartner partout nicht weiß, welches *kami* nun gemeint ist, wird der richtige Begriff als Schriftzeichen mit dem Zeigefinger in die Handfläche geschrieben. Voila!

Zum Abschluss noch ein beliebtes japanisches Homonym: *Sumomo mo momo mo momo no uchi.* Auf Deutsch: Pflaume und Pfirsich zählen zu den Pfirsichgewächsen.

Links zur japanischen Sprache: www.japanisch.org
Online Japanisch lernen: http://deutsch.freejapaneselessons.com

Vom Pfeifen im Walde

meishin *(Aberglaube)*

Manchmal können zwei Schriftzeichen eine ganze Geschichte erzählen. *Mei* steht für „sich verlaufen", oder „den rechten Weg verlieren", *shin* wiederum bedeutet „Glaube". Das Ergebnis besitzt eine tiefe Logik in sich: Wer beim Glaube den rechten Weg verliert, ist natürlich abergläubisch. Und das scheinen in Japan immer noch viele Menschen zu sein.

**Eine Sammlung volkstümlicher japanischer Erkenntnisse
aus einem Reich fern der Vernunft und Wissenschaft:**

Wenn man nachts pfeift, kommt eine Schlange.

Einmal niesen: Jemand spricht über einen; zweimal niesen: Jemand hasst einen; dreimal niesen: erkältet!

Wer 100 mal aufstößt, stirbt.

Wer nachts seine Nägel schneidet, wird seinen Eltern in ihrer Todesstunde nicht beistehen können.

Fährt ein Leichenwagen vorüber, soll man seine Daumen verstecken.

Wer sich sofort nach dem Essen hinlegt, verwandelt sich in eine Kuh.

Niemals nach Norden ausgerichtet schlafen; so werden nur die Toten begraben.

Gut sind Katzen mit kurzem oder ohne Schwanz; lange Schwänze bringen Unglück.

Unglück verheißend sind die Zahlen 4 und 9. Grund: 4, shi ausgesprochen, bedeutet auch Tod, die 9 oder ku klingt wie das Wort für Schmerz. Viele Krankenhäuser und Hotels verzichten deshalb auf die Zimmernummern 4 und 9.

Der Eingang eines Hauses sollte nie nach Nordost zeigen, denn aus dieser Richtung kommen und gehen böse Dämonen.

Und das verrät die Blutgruppe über den Charakter. Blutgruppe A: nervös, aber methodisch und stabil. Blutgruppe B: originell, aber unbeständig. Blutgruppe AB: kontaktfreudig und empfindlich. Blutgruppe O: dauerhaft und entschlossen.

NUR DIE ERINNERUNG STIRBT NICHT

Auf dem Ausländerfriedhof von Yokohama endet jede Lebensgeschichte mit einem Epitaph.

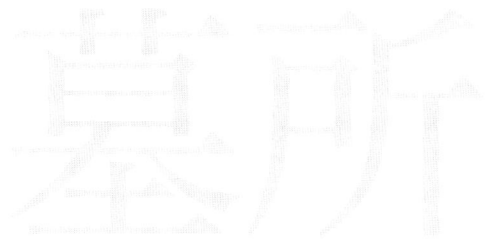

haka sho *(Friedhof)*

Wir landen am Ende alle in einem sehr kleinen Ort, schrieb der Schweizer Schriftsteller Adolf Muschg. In Yokohama liegt dieser Platz an einem Berghang südlich des Nakamura-Flusses. Im Norden erheben sich die gesichtslosen Hochhäuser der Innenstadt, im Nordosten liegt der geschäftigste Hafen Japans. Am Hang ruhen über viertausend Tote aus mehr als 40 Ländern. Dies ist der *Yokohama Gaikokujin Bochi* – der Ausländerfriedhof von Yokohama.

Endlich einmal ist der Ferne Osten nicht fremd, sondern eine vertraute Ansammlung wohlbehauener Steinquader, glatter Granitblöcke und schmachtender Engel. Allesamt steinerne Zeugen aus einer glorreichen Vergangenheit, als die Welt riesig, die Profite groß und das Leben kurz waren. Unter Kiefern und Pinien liegen jene, deren Träume nicht in Erfüllung gingen: „Hier ruht

Johann Otto Jacob Häfker Geb. den 26. Juni 1840 zu Holtorf bei Lunsen in Braunschweig Gest. den 5. Februar 1885 zu Yokohama FRIEDE SEINER ASCHE."

Die Geschichte des Friedhofs ist gleichzeitig eine Historie Yokohamas, ein Spiegelbild des modernen Japans. Mit Beginn der Tokugawa-Herrschaft im Jahr 1600 hatte sich das Land hermetisch von der Außenwelt abgeschlossen. Eine Mauer des Schweigens umschloss die Inselwelt. Auf Verlassen das Landes stand die Todesstrafe, kein Ausländer durfte japanischen Boden betreten. Einzige Ausnahme war die Hafenstadt Nagasaki auf der südlichen Insel Kyushu. Auf der aufgeschütteten Insel Dejima, 196 Meter lang, 65 Meter breit, befand sich ab 1641 ein holländisches Handelszentrum; im Stadtteil Shinchi konnten unter strikten Auflagen Chinesen und Koreaner Handel treiben. Der Rest des Landes war so fern, wie die abgewandte Seite des Mondes. Wenn Wissen korrumpiert, befand sich ein ganzes Volk im Zustand der Unschuld.

Zweieinhalb Jahrhunderte regierte die Togugawa-Dynastie mit blutigem Schwert und dem Rücken zur Welt, als 1853 vier schwarze amerikanische Dampfkraftschiffe in die Bucht von Yedo (dem heutigen Tokio) einliefen, die „Schwarze Flotte". Deren Kommandant, Admiral Matthew Perry, hatte von Präsident Fillmore den Auftrag erhalten, ein Handelsabkommen mit Japan zu erzwingen.

Kanonendonner, die Demonstration westlicher Technik und Wissenschaft, beendeten die japanische Feudalherrschaft, führten zur Wiederherstellung des Kaiserreiches und zur Öffnung des Landes. Als Perry 1854 zurückkehrte, wurden von den Vereinigten Staaten und Japan der Vertrag von Kanagawa unterzeichnet, der amerikanischen Schiffen die Häfen Shimoda und Hakodate öffnete. Handelsabkommen mit Russland, England, Holland, Frankreich und Preußen folgten.

Perrys zweite Reise bedeutete gleichzeitig der Aufstieg Yokohamas vom obskuren Fischernest zur Weltmetropole – und der Grundstein des Ausländerfriedhofes. An Bord eines Kriegsschiffes starb Seemann Robert Williams, 24. Für dessen letzte Ruhe verlange Perry von den Behörden einen Begräbnisplatz „mit Blick auf das Meer". Williams wurde in Yokohama beerdigt, die Bucht von Yedo zu seinen Füßen. Ab 1859 entstand in dem Fischerdorf, nur 30 Kilometer von der Hauptstadt entfernt, eine der ersten neuen ausländischen Handelskolonien. Errichtet wurden Läden, Wohn- und Lagerhäuser, Landungsbrücken, ein Zollhaus, ein Freudenhaus. Zäune und Wachhäuser sollten die Ansiedlung gegen fremdenfeindliche Übergriffe schützen.

Glücksritter und Harsadeure aus Europa und den USA landeten an der Küste, auf der anderen Seite des Zaunes sah es nicht besser aus. Ein japanischer Augenzeuge berichtete 1860: „Als Yokohama eröffnet wurde, hatte die Regierung in Yedo bekanntgemacht, dass diejenigen Untertanen, die sich dort ansiedeln wollten, Land für drei Jahre steuerfrei erwerben könnten. Aber nur wenige von gutem Ruf erlagen dieser Verführung, und so kamen meist Abenteuer und Spekulanten, die nichts zu verlieren hatten ... Der Grund war, dass sich Leute von gutem Ruf vor dem Kontakt mit den Barbaren, ihrer sonderbaren Sprache und ihrer groben Art fürchteten."

In den Gründerjahren war Yokohama nicht der Ferne, sondern der Wilde Osten. Halbseidene Geschäftsleute machten im Devisenhandel immense Gewinne, blutige Kämpfe zwischen Matrosen und heimischen Gangstern waren auf der Tagesordnung, mehrere

Ausländer wurden auf offener Straße ermordet. Trotzdem, immer mehr Fremde strömten in die schnellwachsende Stadt. Und wo gelebt wird, wird auch gestorben: Ab 1861 wurden auf dem Friedhof am Berghang des Nakamura-Flusses keine Japaner mehr beerdigt, sondern nur noch Ausländer. Wer schon nicht mit den Barbaren zusammenleben konnte, wollte erst recht nicht im Tod mit ihnen vereint sein.

Unter dem Schlagwort *bumei baika* (Aufklärung und Zivilisation) formierte sich die Nation zur Aufholjagd gegenüber dem Westen. Aus den Ländern der Alten und Neuen Welt lud die Regierung Ärzte und Hochschullehrer, Architekten und Techniker, Musiker und Juristen ein. In Frankfurt am Main ließ man das erste Papiergeld drucken.

Yokohama wurde zum Schaufenster einer neuen Epoche. Hier eröffnete das erste westliche Hotel seine Pforten, servierte das erste westliche Restaurant seine, zumindest für Japaner, fragwürdigen Speisen.

Am 23. Oktober 1876 wurde die erste Eisenbahnlinie nach Shimbashi in Tokio eröffnet. Ein in Yokohama weilender deutscher Korrespondent berichtete damals: „Die hiesigen auswärtigen Gesandten verfügten sich früh Morgens auf einem Extrazug nach Jeddo, und empfingen dort am Perron der Eisenbahn Se. kais. Majestät, der von den Beamten auf einem Präsentierteller den Plan der Bahn überreicht wurde. Außer den Ministern waren noch eine Menge japanesischer Beamte gegenwärtig, von denen die meisten ihr Nationalkostüm trugen. Der Mikado selbst trug eine flache Mütze scheinbar mit einer langen Feder, die sich aber als ein feines Gewebe herausstellte, welches, ungefähr zwei Fuß lang, die Kopfbedeckung schmückte. Er trug ferner einen reich bestickten hellbraunen Rock und hinten eine Art

Obi, welcher von zwei langen rotseidenen Schärpen gehalten wurde, deren Ende die Schärpenjäger trugen."

1889 erhielt Yokohama Stadtrechte: 116 193 Einwohner, fließendes Wasser, das erste Kaffeehaus des Landes. Heute hat die Stadt über drei Millionen Einwohner, ist eines der größten Schwerindustriegebiete des Landes. An die junge Vergangenheit erinnern alte Schwarz-Weiß-Fotos und verblasste Farbholzdrucke.

Und der „Gaikokujin Bochi"? Er ist ein beliebtes Ausflugsziel, eine nekrophile Sehenswürdigkeit. Sonntags herrscht Hochbetrieb. Familien schlendern vorbei an Kurzbiografien: „Wilhelm Heinrich Ludwig Clemens Grauert geb. Dez. 1829 zu Lingen Provinz Hannover Preussen Nov. 1870 gest." „Max Troch, Hamburg 1.8.1858, 17.7.1898 – errichtet von seinen Freunden." Kinder posieren vor Erinnerungssteinen, deren Sinn ihnen verloren bleibt: „In Loving Memory of August E. Groeschel, Malster, Diet in Yokohama Dec. 1918 Errected by Kirin Brewery." Hobbyfotografen dokumentieren die Sinnsprüche einer fremden Kultur: „Sie sind nicht tot, sie ruhen nur in Frieden." Liebespaare entdeckten die Vergänglichkeit der Zeit: „Hubert Norman (Hugo) Lave, London 6. Oct. 1901 ‚Lebte in Japan 40 Jahre und starb hier 13. Nov. 1995 Ruhe in Frieden'."

Vereint sind Orthodoxe und Freimaurer, Katholiken und Protestanten, Baptisten, Methodisten und Juden. Es gibt Grabstätten mit keltischen Kreuzen und mit Obelisken. Dem irdischen Dasein entsagt haben Berühmte und Unbekannte: Edmond Morel, Chef-Konstrukteur der ersten Eisenbahnlinie, Lacy & Hiller, erste Sekretäre des japanischen YMCA und Opfer des großen Kanton-Erdbebens 1923, ein Mister Carew, „von seiner Frau vergiftet".

Am späten Nachmittag wirft die Friedhofskapelle im neugotischen Stil lange Schatten, Sonnenstrahlen liegen auf dem Kriegerdenkmal, eingeweiht am 22. April 1922 in Anwesenheit des Prinzen von Wales.

Um die Grabstätten kümmert sich eine Freiwilligenorganisation. Sonntags werden Spenden gesammelt. Das Geld wird hauptsächlich für die Grabpflege verwendet. „Fast 85 Prozent der Verstorbenen haben keine Familie", sagt Bob, der auch nach zwanzig Jahren Japan nicht sein breites Amerikanisch verloren hat.

Das Leben in Nippon ist nicht billig, gleiches gilt für den Tod: Umgerechnet 15 000 Euro für ein 4 x 8 Fuß großes Grab, die Hälfte für 2 x 4 Fuß. Die Deutsche Botschaft in Tokio, erzählt Bob, habe eine Ruhestätte gekauft. Genug Platz für 32 Urnen. „Viele Deutsche, die vor oder nach dem Krieg nach Japan kamen, sind jetzt alt. Oft fehlen ihnen die finanziellen Mittel für eine anständige Beerdigung."

Begraben in fremder Erde, aber die Inschriften erzählen von der Sehnsucht nach Zuhause. Ruhet in Frieden.

www.yfgc-japan.com

138

NIE ENDET DER KINDERGARTEN

Paternalismus ist zwar kein japanischer Begriff, scheint aber im Land bis heute ungeschriebene Staatsdoktrin zu sein: Eine Fabel über vernunftlose Kleinbauern und dem richtigen Händewaschen.

rippo *(Gesetzgebung)*

Hinweisschild auf der Herrentoilette des „Foreign Correspondents' Club of Japan" in Tokio:

Zur Vermeidung ansteckender Krankheiten, gurgeln Sie und waschen Sie Ihre Hände regelmäßig mit Seife. So waschen Sie Ihre Hände: 1. Befeuchten Sie Ihre Hände und Handgelenke mit fließendem Wasser und benutzen Sie flüssige Seife. 2. Reiben Sie Ihre Hände mit Seifenschaum mindestens 30 Sekunden aneinander. Achten Sie darauf, unter den Fingernägeln zu waschen.
Die Gebäudeverwaltung

Es gibt kein Entkommen: Trillernde Stimmen über ein gnaden-
loses Lautsprechersystem in Kaufhäusern, Einkaufspassagen,
Bahnhöfen und Flughäfen, die einen pausenlos auffordern, nichts
liegen zulassen, aufzupassen, auf der Rolltreppe nur links zu stehen. Ein pausenloses Bombardement an Durchsagen im *Shinkansen*: In wieviel Minuten die nächste Station erreicht sein wird,
auf welcher Seite auszusteigen ist, wie lange der Aufenthalt dauern wird, dass man kein Gepäck zurücklassen soll und – wenn
es denn regnet – seinen Schirm bitte mitnehmen möge. Produkte
kommen mit unzähligen Hinweisen. Alles wird erklärt und
beschrieben: Das Öffnen einer Toilettenrolle, das richtige Auf-
brühen von sofort löslichem Kaffee, die Benutzung von Zahnpasta
oder Klebebändern.

Paternalismus ist zwar kein japanischer Begriff – in der
Landessprache wird die Übersetzung *patanarisumu* benutzt, hat
aber das Staats- und Gemeinwesen fest im Griff. Wohlmeinende
Regierungen, Behörden, Unternehmen und Wissenschaftler
behandeln die Bürger bevorzugt wie Unmündige. Politiker präsentieren sich gern als Wohltäter ihrer Untertanen. Bürokraten
benehmen sich wie Kindergärtnerinnen, freundlich im Ton, aber
streng und bestimmend in der Sache; natürlich haben alle nur
das Beste im Sinn. Für alles gelten Regeln, Gesetze, Vorschriften
und Anweisungen. Das Ganze changiert zwischen Fürsorge und
Bevormundung, Unselbstständigkeit und Entmündigung.

Eigenverantwortung, die Vorstellung, dass jeder nach seiner
eigenen Façon selig werden soll, solche Gedanken befanden sich
lange außerhalb japanischer Vorstellungskraft. Feudale Strukturen scheinen bis heute fest verankert zu sein. Die gemeinsame
Verantwortung von freien Menschen wird zur Ausnahme, stattdessen greift die allwissende Hand der Herrschenden ungeniert

ins tägliche Leben ein: Provinzregierungen fordern ihre Bürger dazu auf, weniger Sojasauce zu benutzen, da diese Magenkrebs verursachen könne.

Alles wie gehabt, das Herablassende, Gönnerhafte und Besserwisserische. Ein Feudaltheater mit wechselnden Hauptrollen, aber dem gleichen Stück. Schon im japanischen Altertum wusste die Obrigkeit, wie sie die Untertanen zu behandeln hatte. Vorherrschend war das Prinzip kollektiver Verantwortung. Das Vergehen eines Einzelnen führte häufig zur Verurteilung seiner Familie, zur Bestrafung der Nachbarschaft und des gesamten Dorfes. Feudalherren griffen rücksichtslos in das Privatleben ihrer Untertanen ein. Ohne ihre Erlaubnis durfte niemand heiraten, ein Kind adoptieren, einen Diener einstellen.

Vordringlich ging es um die Aufrechterhaltung öffentlicher Ordnung, um Ruhe und Stabilität. So setzte ein Edikt aus dem Jahr 1586 fest, dass ein Samurai kein Stadtbewohner werden darf, ein Bauer nicht für Lohn arbeiten kann, sondern auf seinem Land bleiben muss, und dass ein Landbesitzer Vagabunden und Männern, die den Boden nicht bestellen, keinen Schutz geben darf. All diese Gesetze und Vorschriften wurden rigide umgesetzt. Um abstrakte Gerechtigkeit brauchten sich Richter nicht zu scheren. Wie weit manche Willkürakte gehen konnten, zeigt eine Proklamation aus dem Jahr 1445: „Jede Art von Streit ist grundsätzlich verboten. Wird dem zuwidergehandelt, so sollen, ohne dass nach Recht und Unrecht geforscht wird, beide Parteien den Tod erleiden."

Selbst als das Land befriedet war, blieb der Gedanke von Gleichheit eine Utopie. Hierarchische Strukturen legten die Gesellschaft in ein festes Korsett. Vor allem die bäuerliche Bevölkerung litt unter den rücksichtslosen Machtfantasien der Regierung.

Augen öffnendes Beispiel, eine behördliche Verordnung aus dem Jahre 1649, zitiert vom englischen Autoren G. Sansom in seinem Buch „A History of Japan, 1615–1887“. Der moderne Japaner liest und wundert sich nicht:

„Kleinbauern sind Menschen ohne Umsicht und Vernunft. Deshalb dürfen sie nicht während der Erntezeit ihren Frauen und Kindern Reis geben, sondern ihn für die Zukunft lagern. Statt Reis sollten sie Hirse und Gemüse essen. Selbst die abgefallenen Blätter von Pflanzen sollten, im Fall einer Hungerkatastrophe, als Nahrung gesammelt werden. Während des Reispflanzens und der Ernte, wenn die Arbeit anstrengend ist, darf das Essen ein wenig besser sein als sonst.

Der Mann muss auf dem Feld arbeiten, seine Frau am Webstuhl. Beide müssen nachts arbeiten. Wie hübsch auch eine Frau sein mag, wenn sie ihre Hausarbeit vernachlässigt, weil sie Tee trinkt oder tratscht oder herumbummelt, muss sie verstoßen werden.

Kleinbauern dürfen nur Kleidung aus Baumwolle oder Hanf tragen – keine aus Seide. Sie sollen nicht rauchen. Es ist eine Gefahr für die Gesundheit, Zeitverschwendung und kostet Geld. Außerdem ist es feuergefährlich.“

WILLKOMMEN IM IZAKAYA

Die Heimat der wahren Liebhaber japanischer Küche ist eng, laut und riecht nach Frittierfett: Willkommen im Izakaya!

nihon ryori *(japanisches Essen)*

Bevor die japanische Küche ihren weltweiten Siegeszug antrat und selbst in Agra, Indien, und Asuncion, Paraguay, ein Sushi-Restaurant zu finden war, bedeutete jeder Auslandsaufenthalt für Nippons Bürger eine Heimsuchung. Eine Woche oder länger ohne heimische Küche? Allein der Gedanke daran löste bei vielen Reisenden Mutlosigkeit und Panik aus.

Die Restaurants im Flughafen von Haneda – bis zur Eröffnung des Internationalen Airports in Narita 1978 die wichtigste Luftverbindung zwischen Tokio und dem Rest der Welt, waren voller Geschäftsreisenden, die entweder vor dem Abflug standen oder gerade heimgekehrt waren. Die meisten bestellten *ramen*, Weizennudeln, die in einer heißen Fleischbrühe serviert werden. Ursprünglich kommt die schnelle Mahlzeit für Zwischendurch aus China, doch in Nippon wurde sie perfektioniert. Ramen wird mit verschiedenen Zutaten angeboten, wie Sojabohnen, Bambussprossen, Schalotten, dünne Scheiben Schweinefleisch. Gegessen

143

wird mit Stäbchen. Frauen führen die Nudeln elegant zum Mund, Männer schlürfen. Zyniker behaupteten, in Haneda reichte damals die Geräuschkulisse aus, um den Triebwerklärm startender Maschinen zu übertönen.

Alles nur noch nostalgische Erinnerung. Sushi, Sashimi & Co. haben längst ihren Siegeszug angetreten, in Japan selbst ist die gesamte Bandbreite der internationalen Küche vertreten. Tokio trägt schon seit Jahren den Titel: Welthauptstadt der Gastronomie. Im 2013er „Guide Michelin" hat die Stadt fünfzehn Restaurants mit drei Sternen; Paris kommt lediglich auf zehn Drei-Sterne-Restaurants, New York auf sieben und London auf zwei. „Tokio hat qualitativ hochwertige Lebensmittel, aus dem Meer und aus den Bergen", sagt Michelin-Direktor Jean-Luc Naret. „Und auch die Qualität der Köche, die ihre Techniken von Generation zu Generation weitergeben, ist exzellent."

Doch wohin gehen Japaner, die ihren Geldbeutel nicht überstrapazieren und trotzdem ihr kleines Gastroglück finden wollen? Ins *Izakaya!* Dabei handelt es sich um eine Mischung aus Stammkneipe und Restaurants, aus Mutters Küche und Fast-Food-Laden. Vor allem bietet ein Izakaya eine solide Grundlage für ernsthafte Trinker. Tief über der Eingangstür hängt die sogenannte *noren*, eine Stoffbahn, auf der der Name oder das Familienzeichen des Restaurants steht. Beim Eintreten ist der Gast gezwungen, höflich den Kopf zu senken.

Drinnen ruft das Personal laut und fröhlich: *„Irashaimase!"* – Herzlich Willkommen. Es riecht nach Zigarettenrauch, Kartoffelschnaps und Frittiertem. Eine U-oder L-förmige Theke mit hohen Hockern, ein paar Tische und Stühle. Kaum Platz für das Bedienungspersonal, den beständigen Strom an Speisen und Getränken heranzuschaffen.

An der Theke hocken, Schulter an Schulter, der Abteilungs-leiter und die schüchterne Verkäuferin, der Klempner von neben-an und der angesehene Lehrer der Realschule. Aus Lautsprechern ertönen *enka*, japanische Liebeslieder, in denen es um geknickte, zerbrochene, verlassene, betrogene und verlorene Herzen geht. Das Bier ist kalt, der Sake warm, und die Gäste essen sich durch die Speisekarte: Salz- oder Süßwasserfisch, roh oder gekocht, frittiert oder gebraten, gedünstet oder in der Sonne getrocknet; *uni* (frischer Seeigel), *anago tempura* (frittierter Meeresaal), *shio-kara* (fermentierte Tintenfisch-Innereien), *shippo-ni* (geköchelter Thunfischschwanz), *korokke* (Kartoffelkroketten im Hokaido-Stil), *yakitori* (Gegrilltes vom Huhn auf Bambusspießen), *nasu no tougarashini* (in Öl erhitzte Auberginen mit Peperoni), *yakisoba* (gebratene Nudeln mit Kohl und Ingwer) und und und …

So wurde schon gegessen und getrunken als die Metropole noch Edo hieß. Damals lebten in der Stadt wesentlich mehr Män-ner als Frauen. Abends trafen sich die einsamen Junggesellen im Sake-Laden an der Ecke. Zuerst waren es Stehkneipen, später gab es Sitzplätze, wurden die ersten kleinen Speisen angeboten. Izakaya bedeutet „bleiben und trinken".

Das Geheimnis eines gut gehenden Izakaya-Restaurants – und der gesamten japanischen Küche – lautet *shun*, also „Frische". Der Begriff steht für die Jahreszeit, in der sich bestimmte Lebens-mittel und landwirtschaftliche Erzeugnisse auf dem Höhepunkt ihres Geschmacks befinden.

Für alles gibt es eine Saison: Der Winter ist Erntezeit für Lotos-wurzeln und *daikon*, Riesenrettich. An kalten Januarabenden tönt ein Lockruf durch die Wohnviertel der Großstädte: *„Ishi yakiimo!"* Was wie eine religiöse Anrufung klingt, ist die Lautsprecher-durchsage des Süßkartoffel-Händlers, der mit seinem kleinen

Pritschenwagen die Nachbarschaft abfährt. Die Kartoffeln werden in einem kleinen Ofen auf heißen Steinen gebacken und mit der Hand gegessen.

Eine andere Winterspezialität ist *oden*, wörtlich: Gekochtes. In einer Brühe werden Rettich, Kartoffel, Eier, Fischbällchen langsam gegart. Auf Bahnhofsvorplätzen sieht man häufig mobile Oden-Stände. Sie sind das Lagerfeuer der Moderne. Wohlgeborgen hinter langen Stoffbahnen sitzen die Gäste um einen Gasherd, der Wirt serviert direkt aus dem Topf.

Beliebtester Wintereintopf ist jedoch *nabe*. Jede Region in Japan hat ihren speziellen Nabe-Eintopf. Zubereitet wird er in einer irdenen Schüssel mit Deckel, zubereitet auf einem Gaskocher in der Tischmitte oder, ganz traditionell, über einem offenen Holzkohlefeuer. Huhn oder Lachs, Tofu, Gemüse wie Lauch, Chinakohl, Pilze, Schwarzwurzeln werden in passende Größe geschnitten, auf einem Teller serviert. Das Ganze in einer herzhaften Brühe kurz köcheln lassen, danach die mundgerechten Stücke in eine spezielle Soße stippen. Im Rest des Fonds werden entweder dicke Soba-Nudeln oder eine sämige Reissuppe mit Ei zubereitet. Berühmt ist *chanko-nabe* mit Huhn, Fisch, Muscheln, Garnelen, Tofu. Es ist die Kraftspeise der Sumo-Ringer, viertausend Kalorien auf einen Schlag. Wer so etwas zweimal täglich isst, weiß, woher seine Kilos kommen.

Ab April kommen Rapsblüten für die Suppe und frische Bambussprossen – besonders berühmt sind die aus der Umgebung von Kyoto – auf den Markt. Im Mai werden Auberginen verkauft. *Unagi*, gegrillter Aal auf einem Bett aus Reis, ist das kühlende Sommeressen, und *himemakura*, die Wassermelone, das beliebteste Sommerobst. Köstlich sind auch *soba*, Buchweizennudeln. Die Nudeln werden kurz gekocht, mit kaltem Wasser abgeschreckt, auf einem Bambustablett serviert. Zur Geschmacksanreicherung tunkt man sie in einen Dipp aus Soja, süßem Sake und *wasabi* (grüner Meerrettich).

Samma, der Makrelenhecht, wird im Herbst gefangen. Ab Ende Oktober macht man sich in den Provinzen Yamagata und Wakayama auf die Suche nach den wilden Matsutake-Pilzen. Der November ist Fangsaison für Krebse. Ab jetzt werden auch die honigsüßen Äpfel in den nördlichen Provinzen Aomori und Akita geerntet. Und noch ein Fisch hat Hochsaison: *Fugu,* der gefährliche Kugelfisch (dessen Schriftzeichen tatsächlich „Flussschwein" bedeutet). Der Fisch enthält in Rogen und Leber Tetrodotoxin, einen der stärksten Giftstoffe, der in der Natur vorkommt. Wird der Fisch falsch filetiert, kann das tödlich enden. Köche müssen eine spezielle Lizenz erwerben, um Fugu zuzubereiten. Im Kaiserhaus darf er aus Sicherheitsgründen nicht serviert werden. Vom Geschmack her ist Fugu recht fad und einfallslos.

Japanisches Essen
www.japan-infos.de/essen
http://bit.ly/WwGLeZ
http://bit.ly/Y9Sy1a

Sterne-Lokale in Tokio
http://bit.ly/RjjApN

Sprechen Sie Deutsch, lernen Sie Japanisch

jiten *(Wörterbuch)*

Die wichtigsten Worte im Japanischen lauten *domo* (danke) und *suimasen* (Entschuldigung), auch wenn es nichts zu bedanken oder zu entschuldigen gibt. Wem das Vokabelpauken zuviel Mühe bereitet, dem hilft nur eines: Germanismus. Darunter versteht man ein deutsches Wort, das in einer anderen Sprache als Lehn- oder Fremdwort integriert wurde. Besonders im 19. Jahrhundert, als sich Japan der westlichen Welt öffnete, wurden viele Begriffe aus dem Deutschen von den Japanern adaptiert. Das galt sowohl für den Alpinismus als auch im Bereich der Medizin. Da die Ausbildung stark von deutschen Lehrkräften beeinflusst war, haben viele deutsche Worte Eingang in die Sprache japanischer Ärzte gehalten.

Ein kleines japanisch-deutsches Wörterbuch,
einfach zu merken und schnell zu lernen:

arubeito = *vom deutschen Arbeit, aber im Sinne von Nebenjob* | **Baumkuchen** = *Baumkuchen* | **kiosk** = *Kiosk* | **meruhen** = *Märchen* | **myuuzurii** = *Müsli* | **orugooru** = *Orgel* | **rumuppen** = *von Lumpen, ein Obdachloser* | **tema** = *Thema* | **aizen** = *von Eisen, Kurzform für Steigeisen* | **ederuwaisu** = *Edelweiß* | **eisbahn** = *gefährliche, eisglatte Stelle beim Skifahren* | **gerende** = *Gelände* | **hyutte** = *Hütte, Berghütte* | **kocher** = *(Camping)-Kocher* | **piste** = *Skipiste* | **pickel** = *Eispickel* **ryukkusakku** = *Rucksack* | **spuru** = *(Ski)-Spur im Schnee* | **schnorkel** = *Schnorchel* | **shurafu** = *Schlafsack* | **wandervogel** = *Wandervogel* | **arerugi** = *Allergie* **gebaruto** = *Gewalt* | **dema** = *Demagogie* | **gipusu** = *Gipsverband* | **rentogen** = *Röntgen, Röntgenbild* | **virus** = *Virus* | **kuranke** = *der Kranke* | **karute** = *Karte, im Sinne von Krankenkarte* | **kondom** = *Kondom* | **mess** = *Operationsmesser, Skalpell* | **noiroze** = *Neurose* | **orugasumusu** = *Orgasmus*

Japanisch-deutsches Wörterbuch: wadoku.de

DIE KRAFT DER KIRSCHE

Im Frühling verfällt das ganze Land in einen rosa-roten Kollektivrausch, dem sich niemand entziehen kann. Am besten, Sie feiern und trinken mit.

hanami *(Blütenschau)*

Weder besitzt sie eine starke Farbgebung noch versteckte Dornen. Sanft sind ihre Farben, kurz ist ihr Leben, und sie ist bereit, es auf Abruf der Natur zu verlassen. Dabei repräsentiert keine andere Pflanze so sehr traditionelle Werte wie Reinheit und Einfachheit: Gesegnete Inseln Japans! /Sollten Fremde deinen Yamato-Geist/Zu erforschen suchen, sprich:/Des Morgens sonnenhelle Luft riechend/Blüht die Kirschblüte, wild und schön!, dichtete Shinto-Erneuerer Motoori Norinaga in der zweiten Hälfte des 18. Jahrhunderts.

Prunus yedoensis, die japanische Maien-Kirsche, ist mehr als nur ein Naturphänomen. Sie war das melancholische Symbol des Rittertums. So wie die ersten kalten Winde und Regenschauer die edle Blüte vom Baum löst, so soll sich auch ein Samurai nach einem kurzen strahlenden Leben klaglos von der Welt verabschieden. Japans klassische Literatur ist voll mit schwebenden, fallenden, verwehten und sterbenden Blüten. Das letzte Gedicht eines blutjungen Kamikazefliegers lautete: „Wenn wir nur fallen dürften/wie Kirschblüten im Frühling/so rein und strahlend ...“

Es war die Heian-Zeit (794–1183), in der die Kirschblüte in den Pantheon japanischer Lebensart erhoben wurde. Sakura wurde zum Symbol für Schönheit und Leben, Eleganz und Tod. Jahrhunderte blieb es Vorrecht des Adels, der Samurai, die Kirschblüte zu bewundern. Das gemeine Volk durfte die blühenden Bäume nur aus der Ferne betrachten. Erst mit der Edo-Zeit und dem Erstarken des Bürgertums wurde Sakura zum Massenphänomen. Nicht alle sahen das mit Wohlgefallen. Der in Osaka lebende Schriftsteller und Gesellschaftskritiker Ihara Saikaku (1642–1693) mokierte sich: „Wenn die Kirschbäume in Onoe blühen, dann blühen auch die Ehefrauen auf, voller Stolz auf ihr Äußeres; hübsche Mädchen flanieren mit ihren Müttern, nicht so sehr, um die Frühlingsblüte, sondern um sich selbst zu sehen. Das ist die Art, wie die Menschen dieser Tage sind ...“

Alles beginnt Anfang März. Dann verfällt das Land in einen Kollektivrausch. Zuerst blühen die Kirschbäume in Kyushu im Süden, dann weiter Richtung Nordosten, bis die Blüte im Mai in Hokkaido ankommt. Im Fernsehen wird *sakura zensen,* die Kirschblüten-Front, täglich in Prozentzahlen vermeldet: Wird *sambuzaki* vermeldet, bedeutet dies eine 30-Prozent-Öffnung der Blüten, *mankei* steht für die vollen 100 Prozent.

Das Betrachten der Kirschblüte heißt *hanami,* wörtlich bedeutet es Blütenschau. Es ist die perfekte Entschuldigung, dem Diktat der Arbeit zu entfliehen und auf blauen Plastikplanen eine feuchtfröhliche Party zu feiern. Unter ausladenden Bäumen versammeln sich Freunde und Kollegen, Finanzbeamte und Feuerwehrvereine, Börsianer und Bienenzüchter, Studentenvereinigungen und Großfamilien. Es kreisen die Bier- und Sakeflaschen, Hähnchenspieße brutzeln auf dem Grill, aus mitgebrachten CD-Playern und iPods ertönt Musik.

Eine Nation ist auf Achse, um Eleganz und Schönheit zu bestaunen. Einige Orte sind besonders berühmt. Shikinomichi, Der Pfad der vier Jahreszeiten, entlang des Yamazaki Flusses in Nagoya gilt als einer der 100 schönsten Sakura-Plätze. In den Yoshino-Bergen südlich von Nara stehen an den Hängen über 30000 Kirschbäume, die je nach Höhenlage blühen. Beeindruckend ist das zartrosa Naturschauspiel im Maruyama-Park und rund um den Kiyomizu-Tempel in Kyoto, der nachts beleuchtet wird. Fast 5000 Kirschbäume wurden entlang des Okawa-Flusses in Osaka gepflanzt. *Shidaresakura*, Kaskaden- oder Hängekirche heißt die Form, für die Kakunodate berühmt ist. Im Samurai-Viertel der Stadt erheben sich die Bäume, deren bis auf den Boden hängenden Äste an weiß-geschmückte Trauerweiden erinnern.

Rund 140 000 Kirschbäume soll es in der Hauptstadt geben. Sie blühen im Yoyogi-Park und Shinjuku-Park oder beim Yasukuni-Schrein, erheben sich entlang des Sumida-Flusses. Um den Kaiserpalast im Herzen der Stadt recken sich mächtige Kirschbäume majestätisch über den Festungsgraben. Überall herrscht ein Gedränge wie zu Stoßzeiten in der U-Bahn. Allein im Tokioter Ueno-Park tummeln sich an einem Sakura-Wochenende bis zu 1,5 Millionen Menschen. Unter dem rosa-farbenen Blütenmeer werden alle gleich – angeheitert und fröhlich.

Die Motive von heute finden sich mit erstaunlicher Genauigkeit auf den Holzdrucken von vorgestern wieder. In seiner Serie „Hundert berühmte Ansichten von Edo" zeigt Ando Hiroshiges

(1797–1858) feiernde und lustwandelnde Stadtbewohner unter blühenden Kirschbäumen. Die Dichterin O-Aki, Zeugin eines Sakura-Festes in Ueno, schrieb im 17. Jahrhundert: „Am Brunnen neigt sich gefährlich der Kirschbaum. Auch er, so will es scheinen, ist trunken vom Reiswein." Issa, Japans großer Poet des 18. Jahrhunderts, dichtete: „Wenn Kirschen blühen, ist in ihrem rosa Schatten keiner ein Fremdling."

Ein Höhepunkt für Kirschblüten-Affinados ist Hirosaki im Nordwesten der Hauptinsel Honshu. Der Park der alten Burgstadt gilt als einer der berühmtesten Sakura-Orte. Von Ende April bis Mitte Mai blühen hier 2600 Bäume. Während des Kirschblüten-Festivals Sakura Matsuri vom 23. April bis 5. Mai besuchen über eine Million Gäste die Topographie der ästhetischen Herrlichkeit. Bei leichtem Wind spannen Spaziergänger im Burggarten von Hirosaki ihre Schirme auf, um sich gegen das weiße Blütenblatt-gestöber zu schützen.

Endet die Frühjahrsblüte, breitet sich tiefe Melancholie aus. Selbst Herrscher ließen sich von ihr übermannen. Kaiser Go-Toba (1180–1239), 82. Tenno Nippons, dichtete: „Die Kirschblüten auf dem Gipfel des Yoshino-Berges sind abgefallen. Selbst der Sturm der Frühlingsdämmerung ist weiß gefärbt."

http://bit.ly/YTaldF
http://bit.ly/VIaDbP
http://bit.ly/eTzuM

GANZ SCHÖN HÄSSLICH

Außer romantischen Inseln und Kirschblütenorgien existieren auch andere Japanbilder. Eine Auswahl ungewöhnlicher Schandflecke.

mezawari *(Schandfleck)*

Glaubt man der Werbung und den Hochglanzbroschüren der Tourismusbranche, besteht das ganze Land nur aus makellosen Landschaften und ästhetisch-schönen Stadtansichten. Dabei hat Japan ein beträchtliches Maß an Bausünden und anderen Scheußlichkeiten: bunkerartige Einkaufszentren, grelle Liebeshotels, zubetonierte Flussläufe, riesige Müllkippen, Werbetafeln so groß wie ein Tennisplatz, ein Wirrwarr von Überlandleitungen, brachial verbaute Küstenstreifen. Wer durch Städtelandschaften wandert, empfindet selten Glücksmomente, sondern registriert höchstens den Verlust an Eleganz. Manche Bahnhofsviertel erinnern an die Nester von Kredithaien. Der Formenkanon der Moderne ist die Zerstörung menschlicher Größe und der Triumph der Statiker: Gebäude erinnern an Kästen, Kisten, Schachteln und Würfel.

Irgendwann waren die Monumente der Hässlichkeit sogar den Japanern aufgefallen. Als der konservative Politiker Junichiro Koizumi Ende April 2001 überraschend Premierminister wurde, setzte er eine Kommission ein, um eine „Renaissance japanischer Schönheit" einzuleiten. Unter der Leitung von Shigeru Itou, Professor für Raumordnung an der Waseda Universität in Tokio, wurde eine Gruppe Architekten, Städteplaner, Designer, Bildhauer und Bauingenieure beauftragt, Vorschläge auszuarbeiten, um die schlimmsten Monströsitäten der letzten 60 Jahre zu beseitigen. Natürlich blieb es bei Versprechungen und Absichtserklärungen. 2006 veröffentlichte Ito seinen Report „Hässliches Japan", in dem er die abscheulichsten Plätze der Nation auflistete. Hier eine Auswahl japanischer Schandflecke:

Die Straßenüberführung aus der Hölle

Seit 1911 überspannt die steinerne Konstruktion der Nihonbashi Brücke den Nihonbashigawa, einen Fluss im Tokioter Stadtteil Chuo. Die poetische Namensauslegung lautet „Brücke der Quelle der Sonne". Errichtet wurde die erste Konstruktion 1603. Ab hier starteten die fünf Hauptwege, die Edo mit dem Rest Japans verbanden. Die Mitte der Brücke wurde zum „Kilometer Null". Von der einstigen Romantik ist längst nichts mehr zu spüren. Im Zuge der Olympischen Spiele 1964 wurde über der Brücke eine achtspurige Hochstraße angelegt, die brachial den Blick zum Himmel verbaut und für alle Zeit das Sonnenlicht aussperrt.

Der Fluss des Todes

Der Shibuya-Fluss durchquert den gleichnamigen Stadtteil von Tokio. Das gesamte Flussbett ist entweder in einem Betonbett eingegürtet oder es verläuft unterirdisch. Sein Wasser ist von solch zweifelhafter Qualität, dass es selbst von Ratten ängstlich gemieden wird. Tatsächlich sind die meisten Kanäle und Flüsse in japanischen Großstädten nur noch Brachland ihrer früheren Schönheit, einbetoniert, entvölkert und in der Regel ignoriert. Was sie voneinander unterscheidet, ist höchstens die giftige Grünfärbung ihres Wassers.

Der Badeort der nassen Pleiten

Im 19. Jahrhundert zählte Kinugawa Onsen zu den populärsten und schönsten Badeorten auf der Hauptinsel Honshu. Der romantische Ort in der Präfektur Tochigi, zwei Bahnstunden nordwestlich von Tokio, wurde vor allem in den Sommermonaten von vielen Hauptstadtbewohnern als kühles Rückzugsgebiet auserkoren. Auf den sprunghaften Anstieg der Gästezahlen reagierten Unternehmen und Stadtherren in den 1970er-Jahren mit einer ungezügelten Bauentwicklung. Zwei Jahrzehnte später platzte die Wirtschaftsblase, zurück blieben verlassene Liebeshotels, verödete Chalets, eine Schlachtreihe hässlicher Betonburgen, die den „Fluss der wütenden Dämonen" umzingeln.

http://spikejapan.wordpress.com/ugly-japan-2

HINTER DEN ACHT BERGEN

Wo Sie die Exotik selbst erleben können: Eine Pilgerreise zum heiligen Berg Koya-san, einem fernen Ort mystischer Rätsel, unerfüllter Hoffnungen und der traurigen Gewissheit des Todes.

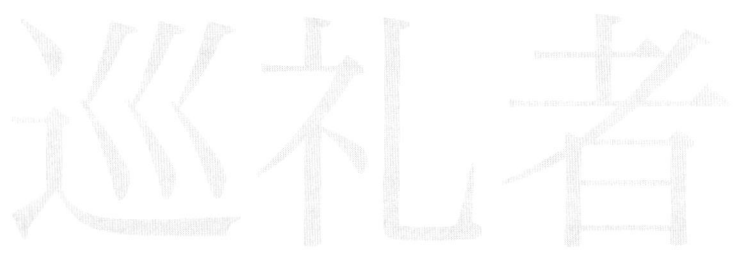

junreisha *(Pilger)*

Mystische Orte liegen zwar außerhalb der Zeit, doch an ihren Rändern geht das Leben seinen alltäglichen Gang. Morgens um 8.30 Uhr versammeln sich im Bahnhof von Hashimoto Vorsteher und Angestellte zum Frühappell. Der Chef redet, die Untergebenen stehen stramm. Auf dem Vorplatz wirbt die Nankai-Nahverkehrsgesellschaft mit ihrem englischen Slogan: smile, sincerity, speed, saftey, study. Das Spezial-Frühstück im „Kaffee Lisa" besteht aus Kaffee, Schinkengebäck, Salat und Eiswasser. Es kostet umgerechnet fünf Euro. Am Nebentisch beschäftigt sich eine junge Frau gleichzeitig mit dem Handy und ihrem Make-up.

Hashimoto ist der Prototyp einer japanischen Kleinstadt. Der Bahnhof als topographischer Fixpunkt, um den Vorplatz ein

Karree aus drei- oder vierstöckigen Flachbauten; enge Straßen, kleine Geschäfte, die nachts mit eisernen Jalousien gesichert werden, rappelvolle Kneipen, in denen das Essen auf Holzpaddeln über die Theke serviert wird. Irgendwo steht immer ein Pachinko-Salon. Die Welt reduziert sich auf das Bekannte, Vertraute.

Das Japan unserer Vorstellungen und Träume liegt hinter Hashimoto. Dort, wo die Berge aus der Ebene wachsen, beginnt der uralte Pilgerpfad zum Koya-san.

Koya-san ist einer der berühmtesten Wallfahrtsorte Japans. Er liegt auf einem Hochplateau im Yoshino-Kumano-Nationalpark südlich der alten Kaiserstadt Kyoto und ist bedeutendes Zentrum der esoterischen Shingon-Buddhisten. Gegründet wurde die Anlage vom Priester *Kukai,* zu Deutsch „Meer der Leere". Der war ein außerordentlich fleißiger Schriftsteller, Maler, Bildhauer und Mediziner und gilt als Schöpfer der japanischen Silbenschrift Hiragana.

Geboren wurde er am 27. Juli 774 als Saeki Mao in eine aristokratische Familie auf der Insel Shikoku. Dort wuchs er auf mit den strengen Moralregeln Konfuzius und dem tiefen Wissen, dass alles Leben eine Chimäre ist. Mit 26 Jahren wurde er Mönch. Im Japanischen heißt das *kobo* und bedeutet „ehrenwerte Zelle". Im Jahr 804 reiste Kukai ins Land der Mitte, dem Zentrum der Welt, dem Hort allen Wissens. Bei ihm liest sich das so: „Während des sechsten Mondes segelte ich in Begleitung der Gesellschaft von Lord Fujiwara, Botschafter am T'ang Hof, nach China. Wir erreichten die Küste von Fukien im achten Mond, und vier Monate später kamen wir in die Hauptstadt Ch'ang-an, wo wir im Gästehaus der Regierung untergebracht wurden."

Die Shingon-Schule (Shingon = Mantra = das wahre Wort) lehrt, dass der Mensch bereits in dieser Welt Erleuchtung erlangen kann. Damit widerspricht sie dem Dogma, erst nach der Mühsal vieler Wiedergeburten sei es möglich, sich von der Welt zu lösen.

Im Mittelpunkt des Shingo-Buddhismus steht der Buddha Dainichi-nyorai, der das ganze Weltreich verkörpert. In geheimen Gebetsriten, mit magischen Praktiken, Mudras und Zauberregeln, werden die Gläubigen zur Identität mit dem Buddha Dainich-nyorai geführt. In Japan, wo die Neigung zum Esoterischen und Geheimnisvollen in der Mentalität der Menschen tief verwurzelt ist, erfuhr der Shingo-Buddhismus von Anfang an eine außerordentliche Popularität.

Da die Geheimnisse und Mysterien des Glaubens nicht schriftlich, sondern mündlich überliefert werden, ist das Verhältnis von Meister und Jünger von höchster Bedeutung. Kukai bat um eine Audienz beim berühmten Meister Hui-kuo (764–804), Abt der Östlichen Pagode des Grünen-Drachen-Tempels, einstiger Schüler des großen indischen Meisters Amoghavajra. Das erste Treffen beschreibt er so: „Sobald er mich sah, lächelte er voller Wohlgefallen und sagte freudig: ‚Ich wusste, dass du kommen würdest! Ich habe so lange auf dich gewartet! Was für eine Freude, dich heute endlich zu sehen! Mein Leben nähert sich dem Ende, und bevor du kamst, gab es niemanden, dem ich die Lehren weitergeben konnte.'"

Im Jahre 806 kehrte Kukai nach Japan zurück. Der Kaiser berief ihn an seinen Hof in Heian (dem heutigen Kyoto), wo er mit seinem Wissen den Adel begeisterte und mit seinen magischen Fähigkeiten das Volk beeindruckte. Als Pest und Hungersnot die Stadt heimsuchten, bestieg Kukai den Berg im Osten der Stadt und entzündete auf ihm ein gewaltiges Feuer in Gestalt des Schriftzeichens für Größe (jap. *dai monji*). Das Volk, so wird berichtet, erstarrte in Ehrfurcht; kurz danach waren Pest und Hungersnot überwunden.

In seinem 42. Lebensjahr zog sich Kukai in die abgelegene Bergregion des Koya-san zurück. Mit Unterstützung von Kaiser und Adel baute er das Zentrum des Shingo-Buddhismus auf. Immer wieder brach er jedoch zu langen Wanderungen auf, legte Brücken an, kultivierte Reisfelder, heilte Kranke und predigte die Nichtigkeit des Lebens. Als er 835 starb, erhielt er den Ehrennamen *Kobo Daishi*, Großmeister der Lehrverbreitung. Seine Jünger glauben, selbst nach seinem Ende habe ihr Meister sein unruhiges Pilgerleben weitergeführt. Wenn alljährlich an seinem Todestag, dem 22. April, das Gewand seiner Statue auf dem Koyasan gewechselt wird, ist regelmäßig der untere Saum der Kleidung schmutzig und ausgefranst vom Staub der Straßen, auf denen er noch immer in die entlegensten Dörfer wandert.

Zur Blütezeit der Sekte im 15. Jahrhundert, gab es auf dem Koyasan 990 Klöster. Prächtige Schreine erinnerten an eine trügerische Scheinwelt, kostbare Statuen verwandelten Visionen in Faktisches. Shingo bedeutet „Wahre Welt", im Shingo-Buddhismus sind die Dinge selbst die Wahrheit: der Kosmos, jedes Stäubchen, jedes Wort und jede Erscheinung haben Buddha-Natur. Neben Kapellen und Totengedenktempeln entstand eine gewaltige Gräberstraße. Die tonnenschweren Grabsteine wurden mit Baumstämmen unterlegt und per Hand in die Berge geschleppt: 72 Arbeiter schoben, 36 Arbeiter zogen. Die Männer waren nur mit Lendenschurzen bekleidet. Sie trugen Sandalen aus Reisstroh. Erst 1837 wurde der Koya-san für Frauen geöffnet.

Inzwischen gibt es nur noch 100 Tempel, Waren kommen auf Lastwagen, die meisten Pilger mit dem Bus oder der Bergbahn.

Wenn in der Tiefebene Hitze und hohe Luftfeuchtigkeit das Leben zur Qual machen, wird Koya-san zur beliebten Sommerfrische.

Der Pfad zum Zentrum träumerischer Selbstverwirklichung beginnt im Tal am Yisonin-Tempel. Er schlängelt sich einen steilen Berghang mit Kakibäumen und Apfelsinensträuchern empor. Die Obstplantagen sind durch kleine Zahnradbahnen erschlossen. Unter einem tiefblauen Himmel ernten Bauern faustgroße, saure Apfelsinen, aus denen später Konzentrat hergestellt wird.

Herr Yosa benutzt zum Abtransport ein Kawasaki-Motorrad mit Zweiradanhänger. Herr Yosa ist 77 Jahre alt, ein kleiner, drahtiger Mann mit einer langen bäuerlichen Tradition und ohne Zukunft. Sein Sohn arbeitet im Büro einer Zementfabrik. „Der braucht nur noch das Telefon hochzuheben", sagt Herr Yosa abwertend. Daheim im Wohnzimmer steht ein Ahnenschrein, dunkles Holz, zwei Flügeltüren, eine sandgefüllte Schale für das Abbrennen von Räucherstäbchen. Apfelsinen und Äpfel als Opfergaben. Der Ahnenkult ist das geheime Band, das die flüchtige Gegenwart mit den ewigen Werten der Vergangenheit verbindet. Jeden Morgen opfert Frau Yosa den stillen Schatten der Vorfahren frische Apfelsinen und Äpfel. In dem uralten Familienstammbuch haben sich Generationen von Yosa mit Schreibpinsel und chinesischer Tinte verewigt. „Ich bin der Letzte in der Familie, der das Land bearbeitet", sagt Herr Yosa.

Auf den Höhen führt der Weg in den Wald, ein Bollwerk aus Zedern, Zypressen, Pinien, Ahorn und Eichen. Verfilzte Bambushaine wispern im Wind. Ein dichter Teppich aus Nadeln und Blättern bedeckt den Boden. Holzbrücken führen über Bäche, verwitterte Steinsäulen markieren die Strecke. Aufgestellt wurden sie nach dem alten Längenmaß *cho*; ein cho entspricht 108 Meter. Sechs Stunden dauert der Fußmarsch. Nur einmal kommt ein anderer Wanderer des Weges, der mundfaule Herr Tomada, Chef einer Umzugsfirma, wie aus der Visitenkarte ersichtlich wird, die er zur Begrüßung überreicht. Ansonsten sagt Herr Tomada nur *domo*, danke, bevor ihn wieder der dunkle Wald verschluckt.

Der Wallfahrtsort Koya-san ist von acht Bergen umgeben, auf denen die Götter leben und die von Mönchen während ihrer Exerzitien bestiegen werden. Frühmorgens verstecken sich die Höhenzüge im Nebel. Dann erinnern sie an die verschwommenen Motive chinesischer Tuschemalereien. Der Ort selbst verfügt über eine buddhistische Mittelschule und ein bekanntes College. Er hat 4000 Einwohner, darunter 1000 Mönche und Novizen. Er ist eine wundersame Mischung aus Verinnerlichung und Kommerz. An der Hauptstraße stehen Tempel in trauter Eintracht mit Drogerien, Antiquitätenläden und Supermärkten. Wallfahrer schieben sich durch Devotionaliengeschäfte. Sie tragen weiße Kleidung und haben lange Holzstecken, an denen silberne Glöckchen klingeln.

„Wenn die Sonne aufgeht, fällt das Geld vom Himmel", zitiert Herr Okamoto die Weisheit japanischer Geschäftsleute. Herr Okamoto besitzt ein Restaurant, in dem sich die Gäste um die einzige Wärmequelle, einen kleinen Ölofen, drängen. Draußen brummt der Ausflugsverkehr, drinnen riecht es nach gebratenem Reis. „Als ich ein Kind war", sagt Herr Okamoto, „gab es bei uns nur Rikschas und Pferdedroschken. Natürlich kamen alle Pilger zu Fuß. Reiche Leute ließen sich von Trägern den Berg hochtragen oder hochschieben." Was wie eine Erzählung aus der Vorzeit klingt, liegt nur einige Jahrzehnte zurück. Herr Okamoto ist 60 Jahre alt.

Übernachten können Gläubige, Suchende und Besucher in über 50 Klöstern. Wir steigen im Muryokonin-Tempel ab. Seine

Gründung geht auf das Jahr 840 zurück, und natürlich hat der Name eine tiefere Bedeutung: *muryo* ist eine weitere Bezeichnung für Buddha, *ko* heißt „das Licht Buddhas". Hinter einer hohen Mauer gruppieren sich verwinkelte Holzgebäude um einen japanischen Garten. Es gibt Schlafsäle und Familienzimmer, Baderäume mit Batterien von Wasserhähnen, Gemeinschaftstoiletten, einen großen Bankettsaal, ausreichend Platz für 120 Pilger.

Die Gänge sind endlos und enden häufig im Nirgendwo. Bei jedem Schritt knarren alte Holzbohlen unter den Hausschlappen. Die Zimmer sind mit Reisstrohmatten ausgelegt, geschlafen wird auf *futon*. Durch die Schiebefenster pfeift ein sehr kalter Wind. Ein elektrischer Heizlüfter kämpft gegen die lächerliche Isolierung. Vegetarisches Abendessen und Frühstück sind im Übernachtungspreis inbegriffen.

Zum Abendessen serviert ein Novize auf Lacktabletts klare Suppe mit Pfannkuchenstreifen, vegetarischen Tempura, Tofu in Sojasauce, schwarze Bohnen, eingelegten Rettich, Reis. Wer dem Weltlichen nicht vollständig entsagen will, darf kaltes Bier und heißen Sake ordern. Nur die Stille erinnert an einen Ort fern der Hektik Japans: Kein Fernseher dröhnt, kein Radio plärrt; leise verrinnen die Stunden. Raben krächzen auf den geschwungenen Dächern, die mit der Rinde von Zypressen abgedeckt sind.

Im Tempel leben zwanzig Mönche und zehn Novizen. Der Abt heißt Habukabo, war früher Universitätsprofessor und führt ein strenges Regiment. „Das ist ein schweres Leben", sagt Herr Ishida. Eigentlich hat der 23-Jährige Schifffahrt studiert. Vor sechs Wochen ist er als Novize dem Tempel beigetreten. Selbst der kurze Aufenthalt hat ihn geprägt. Er spricht ein äußerst höfliches Japanisch, dessen sich besonders Politiker befleißigen, wenn sie lügen. Bei Herrn Ichida klingt das so: „Ich erlaube es mir, morgens um 5.30 Uhr aufzustehen." Eine halbe Stunde später nimmt er mit seinen Mitbrüdern an der wichtigsten Liturgie der Tages teil, der magischen Feuerzeremonie. Abt Habukabo, gekleidet im vollen Ornat, verbrennt Holzscheite über einem offenen Metallbecken, Mönche und Novizen stimmen Mantras an, formen mit den Händen Mudras, geheimnisvolle Figuren. Die anwesenden Besucher zittern lange eineinhalb Stunden in der bitteren Morgenkälte.

Danach geht Herr Ichida seinen täglichen Verrichtungen nach: den Pilgern das Frühstück servieren, abspülen, Oberbetten beziehen, putzen. Um 17 Uhr treffen sich Mönche und Novizen zum gemeinsamen Kanon-Lesen, die 25 Kapitel des Gesetzes der Lotusblüte, ein mehrstimmiger an- und abschwellender Singsang.

Irgendwann, erklärt Herr Ichida, werde er wieder ins Schifffahrtsgeschäft zurückkehren zu festen Arbeitszeiten, bezahltem Urlaub und Sozialversicherung. Bis dahin aber unterwirft er sich freiwillig den strengen Tempel-Regeln – 250 Gebote für Mönche, 350 Gebote für Nonnen. „Dies ist eine neue Erfahrung für mich", sagt er. Auf der Suche nach spiritueller Erneuerung hat er inzwischen auch dieses gelernt: „Das Polieren des Fußbodens ist ein wichtiger Teil der buddhistischen Ausbildung."

Wie die meisten Klöster auf dem Koya-san lebt man auch im Muryokonin-Tempel von Rätseln, unerfüllten Hoffnungen und trauriger Gewissheit, also dem Tod. Haupteinnahmequelle ist die Verwahrung sterblicher Überreste. Über 5000 Euro müssen die Hinterbliebenen dafür bezahlen. Die Urnen stehen im Haupttempel, geordnet nach dem Todesjahr. Für das schnelle Auffinden sind sie inzwischen computerisiert.

Rund 70 000 Mitglieder hat der Tempel, Zweigstellen bestehen in den Städten Hiroshima, Yokohama, Nagasaki und Niigata. Wer immer dort draußen stirbt und an seinem Seelenheil interessiert ist, weiß, wohin ihn seine letzte Reise führt. Zum *o-bon,* dem japanischen Allerseelenfest Mitte August, kommen Angehörige und Verwandte, um für die Seelen der Dahingeschiedenen zu beten.

„Tempel sind heute wie große Gasthöfe", sagt der ältere Herr im Kaffeehaus an der Hauptstraße. Das ist Herr Sugio, was „Ast der Zypresse" bedeutet und ein sehr zutreffender Familienname ist. Herr Sugio arbeitet als Zimmermann. „Ich mache das erst seit 40 Jahren und bin deshalb noch nicht Meister." Es ist Sonntagnachmittag. Herr Sugio genießt die Freuden des kleinen Mannes, das Trinken von Sake. Rot glüht sein Gesicht, geschwind ist die Zunge. Keine Berührungsängste vor dem fremden Besucher. „Auch Ausländer sind nur Menschen", vermutet Herr Sugio.

Noch vor 30 Jahren, berichtet er, arbeiteten im Ort 350 Zimmerleute. Inzwischen habe die Zunft gerade noch 70 Mitglieder. Gearbeitet wird ganz traditionell, ohne Nägel oder Schrauben, die in der hohen Luftfeuchtigkeit rosten würden.

Am meisten liebt er das Schnitzen. Zum Schutz gegen Unheil und böse Geister werden in die oberen Pfosten der Tempeltore furchterregende Dämonen geschnitten. „Wir haben ein altes Buch, aus dem wir mit einer Kopiermaschine die Vorlagen übertragen. Geschnitzt wird nach dem Verlauf des Holzes, zum Körper hin oder vom Körper weg." Gewichtig sagt Herr Sugio: „Gute Zimmerleute können Holz lesen."

Er ist 67 Jahre alt und stellt sich nicht die Sinnfragen des Daseins, sondern lebt im Hier und Jetzt: Aufstehen um 6 Uhr, zwei Stunden später zur Arbeit, schaffen bis Sonnenuntergang. Danach zurück, ein heißes Bad, Abendessen, ein wenig Fernsehen, Nachtruhe. Nur sonntags hat er frei. Ans Aufhören denkt er noch lange nicht. „Künstler arbeiten, solange sie Kraft in den

Armen haben. Nur Büroleute gehen in Pension." Der nächste
Reiswein nimmt seinen Weg zum Magen. Herr Sugio sagt: „Ich
bin nicht sehr klug und habe nicht so viel Geld, aber mit meinem
Leben bin ich zufrieden."

In den nächsten Tagen erkunden wir die architektonischen Zeug-
nisse einer vergangenen Welt: die große Pagode Kompon-daito,
die Grabstätten der berühmten Feldherren Tokugawa Ieyasu und
Hidetada, Fudo-do, die Halle für den buddhistischen Lichtkönig.
Überall treffen wir Gruppen älterer Frauen. In großen Taschen
haben sie weiße Leinenkittel dabei. Auf die lassen sie in Tempeln
und Schreinen rote Stempel drücken: rätselhafte Ideogramme,
geheime Zauberformel auf dem Weg in ein Reich der Leere. Umgerechnet drei Euro bezahlen sie für jeden Aufdruck. *oi-zuru* heißt
im Japanischen dieses Obergewand. Es schützt das Haus gegen
Dämonen und Geister, Feuer und Erdbeben; wer es während einer
Krankheit trägt, wird schneller genesen. Frau Sakura, die aus
Nagoya angereist ist, schwört auf die Wirkung. Auf der Insel Shikoku, wo Kobo Daishi 88 Tempel gewidmet sind, war sie schon
acht Mal. Wer zu Fuß pilgert, braucht bis zu fünfzig Tage für das
Aufsuchen jedes Tempels. „Ich schaffe das mit dem Taxi in drei
Tagen", sagt Frau Sakura stolz.
    Was den Koya-san jedoch einzigartig macht, ist die Gräber-
straße. Auf einem uralten Weg aus ausgetretenen Steinplatten,
begrenzt von verwitterten Steinlaternen und tausend Jahre alten
Zedern, tauchen Pilger und Wanderer ins dunkle Reich der Illusion ein. Unter Stupas und Buddha-Statuen, verwitterten Holz-
stelen und riesigen Granitblöcken ruhen die Urnen von über 200
000 Verstorbenen – Kaiser, Shogune, Samurai, Landherren, Poeten und Propheten. Moosbewachsene Steineinfriedungen verlieren

sich im Halbdunkel des dichten Waldes, Baumwurzeln winden sich um Grabmale in der archaischen Form von Kubus, Kugel und Pyramide.

Frauen begießen mit Wasser verwitterte Bronzestatuen von Buddha-Erscheinungen. Ein Paradoxon: Auf dem Pfad zum Nirwana, frei von Wünschen und Ich-Bewusstsein, symbolisieren die Gräber gleichzeitig den Horro vacui – die Furcht vor der inneren Leere.

Am Ende des Weges erhebt sich *oku-no-in,* das Mausoleum von Sektengründer Kobo Daishi. In der Halle der 10 000 Lampen flackern Öllichter, Räucherkerzen glimmen. Von irgendwo erklingen die 25 Kapitel des Gesetzes der Lotusblüte.

Als wir wieder ins Freie treten, neigen sich die Zedern unter den ersten kalten Herbstwinden, die im Japanischen poetisch *zansho* genannt werden – was von der Sommerhitze übrig geblieben ist.

Offizielle Website Koya-san: http://eng.shukubo.net
Bahnverbindungen zum heiligen Berg: http://bit.ly/WwC2Mp
Japanische Fremdenverkehrszentrale: http://bit.ly/7lsGeJ

Grüner Tee zum Schlecken

ki i *(Kuriosität)*

Warum werden eigentlich nur in Nippon an U-Bahnpassagiere Spucktüten verteilt? Einfache Antwort: Weil man lieber vorbeugt als aufwischt. Am Wochenende sind spätabends viele angetrunkene Jugendliche mit den öffentlichen Verkehrsmitteln unterwegs. Damit sie nicht in den Waggons ihren Mageninhalt entleeren, gibt es vorsichtshalber vom Bahnpersonal eine Spucktüte. Nicht die einzige Besonderheit im Land.

Es gilt: Nur in Japan ...

... teilen sich zwar Fußgänger und Radfahrer die Bürgersteige, geraten aber überraschenderweise selten aneinander.

... liegt in vielen Geschäften neben dem elektronischen Taschenrechner noch immer ein hölzerner Rechen-Abakus (*jap. soroban*).

... ist selbst in den Eingangshallen super-moderner Hochhäuser ein altertümlicher Shinto-Schrein aufgestellt.

... wird die rechte hintere Tür eines Taxis vom Fahrer für den Gast automatisch geöffnet und geschlossen.

... zeigen gelbe Markierungen auf den Bahnsteigen an, wo sich die Türen der einlaufenden U- und S-Bahnen oder Züge öffnen werden.

... befindet sich in Innenstädten alle 100 Meter ein Getränkeautomat, der kalte Brause und heißen Kaffee verkauft.

... wird Speiseeis der Sorten grüner Tee und rote Bohnen angeboten.

... verdienen Rentner ihr Zubrot als uniformierte Parkplatzeinweiser in Supermärkten und als Sicherheitspersonal auf Baustellen.

... sind Geldscheine, die man zur Hochzeit schenkt, druckfrisch, die für eine Beerdigung alt und abgegriffen.

... tragen nur größere Straßen Namen; Hausnummern sind nicht nach Standort ausgegeben (auf 1 folgt 3), sondern nach dem Baujahr des Gebäudes.

DIE SCHÖNSTEN PLÄTZE DER POESIE

Wie bekommt eine Welt, die scheinbar aus den Fugen geraten ist, ihr kosmisches Gleichgewicht zurück? Indem die schönsten Landschaften zu Plätzen der Poesie werden.

sansui no bi *(Schönheit von Bergen und Wasser)*

Jahrhundertelang war China für Japan das halb-mythische Land der Schönheit und Weisheit, ästhetisches Vorbild, großer Lehrmeister. Aus dem Reich „jenseits der Meere" kamen Schriftzeichen und Architektur, Malerei und Bildhauerei, Gartenbau, Poesie und Tanz. Übernommen wurde in Nippon auch die chinesische Faszination, alles und jedes zu katalogisieren: die schönsten Landschaften, die berühmtesten historischen Stätten, die wichtigsten Denkmäler. Namen und Plätze wurden gesammelt und eingeordnet, sehenswerte Stellen und markante Aussichtspunkte mit bilderreichen Bezeichnungen ausgestattet: „Pavillon der fliehenden Wolken", „Hain der zehn Pflaumenbäume", „Drachenwolkengrotte". Eine Welt, die scheinbar aus den Fugen geraten war, erhielt so ihr kosmisches Gleichgewicht zurück.

In Japan sind es besonders drei Landschaften, die bis heute als Inbegriff des Naturideals gelten. Der Mann, der sie im 17. Jahrhundert zum ersten Mal pries, war einer dieser intoleranten Intellektuellen, an denen es im Land nie fehlen sollte: Razan Hayashi (1583–1657), Neo-Konfuzianer, Samurai-Lehrer, Pilger und Reisender. Hayashi gilt als der geistige Vater des japanischen Feudalismus. Er legte das geistige Fundament, mit dem die Tokugawa-Regierung ihre Machtgrundlage rationalisierte. Seine Schriften, die auf der chinesischen Philosophie des Chu Hsi basieren, zementierten die individuelle Rolle des Einzelnen in der sozialen Hierarchie der Gesellschaft. Mit shushi, so die japanische Umschreibung, wurden die vier voneinander abgrenzenden Klassen dogmatisch verankert: Krieger, Bauern, Künstler und, am Ende der gesellschaftlichen Skala, Kaufleute und Händler. Von dem Zeitpunkt, als Hayashi zum Berater des Shoguns ernannt wurde, ließen sich konfuzianische Gelehrte ihre Haare lang wachsen (was sie von den kahlgeschorenen buddhistischen Mönchen abhob, die sie verachteten und bekämpften), auf Staatskosten wurden konfuzianische Schreine errichtet.

Bei so viel Nähe zur chinesischen Lebens- und Denkungsart, wundert es nicht, dass Hayashi auch bei den Schönheiten seines Landes die Vorstellungswelt des Reichs der Mitte nachahmte. Seine drei spektakulärsten Landschaftsschönheiten sind:

Ama-no-hashidate, die Himmelsbrücke

Eine 3,6 Kilometer lange, zwischen 37 und 110 Meter breite mit Kiefern bewachsene Landzunge in der Miyazu-Bucht, nordwestlich von Kyoto. An schönen Tagen bildet die Verbindung aus dunkelgrünem Wald, weißem Sandstrand und tiefblauem Meer die perfekte Farbsymbiose. Die schönste Ansicht soll man haben, wenn man sich mit dem Rücken zur Bucht und Landzunge stellt, sich bückt und die Landschaft durch die Beine hindurch ansieht. Das Besondere: Angeblich befindet sich genau hier der Ursprung des japanischen Seins. Der Legende nach sollen an dieser Stelle die Götter Izanagi und Izanami bei der Erschaffung Japans gestanden haben.

Miyajima, die Schrein-Insel

Ein 30 Quadratkilometer großes Eiland in der Bucht von Hiroshima. Aus dem Wasser erhebt sich das größte Torii Japans, von Wellen umspült ist auch der beeindruckende Itsukushima-Schrein. Geweiht ist er den Töchtern der shintoistischen Windgottheit Susanoo. Bis zur Meiji-Zeit 1866, durfte es auf dem heiligen Inselboden weder Geburten noch Todesfälle geben – beides galt als unrein. Einen Friedhof gibt es bis heute nicht. Trauergäste müssen sich bei ihrer Rückkehr einer rituellen Reinigung unterziehen. Miyajima zählt zu den beliebtesten Ausflugszielen im Land. Tagsüber wird es von Schulklassen und Reisegruppen überflutet, ab 18 Uhr versinkt es in einen friedvollen Dornröschenschlaf.

Matsushima, die Kieferninsel

Eine kleine Bucht in der Nähe der Stadt Sendai. Darin verlieren sich über 260 bizarr geformte Inseln aus vulkanischem Tuff oder weißem Sandstein. Nur wenige Eilande sind bewohnt, die meisten winzig klein, bewachsen von windzerzausten Kiefern. Früher schipperten Dutzende von Ausflugsbooten von hier nach dort, Lautsprecherdurchsagen verfolgten den Besucher überall hin, und in den Gasthäusern war am Wochenende kein Platz zu finden. Seit dem Seebeben am 11. März 2011 und der Atomkatastrophe von Fukushima, das nur 70 Kilometer entfernt liegt, ist der Tourismus in Matsushima fast zum Erliegen gekommen.

Die acht schönsten Aussichten

Und natürlich hat jede der malerischen Landschaften ihre schönsten Aussichten. Nach altem chinesischem Vorbild sind es in der Regel acht. Am bekanntesten in Japan sind die „Acht Ansichten des Sees Biwa". Er liegt in der Präfektur Shiga und ist mit einer Länge von 63,4 Kilometer und einer Breite von 22,8 Kilometer der größte See des Landes. Die Legende berichtet, der heilige Berg Fuji habe sich in einer einzigen Nacht erhoben. Das dabei entstandene Loch habe sich sofort mit Wasser gefüllt und den majestätischen Biwa-See gebildet. Für den Betrachter unvergessen: Die heimwärts segelnden Boote von Yabase; der nächtliche Regen in Karasaki; das Abendläuten des Mii-dera-Tempels; der glänzende Himmel von Awazu; die Wildgänse, einfallend in Katata; der aufgehende Herbstmond in Ishiyama; der am Abend fallende Schnee auf dem Hirayamo; die Glut des Sonnenuntergangs in Seta.

Die drei eindrucksvollsten Burgen

Die Burg des weißen Reihers in Himeji: Fast wäre Himeji im Westen der Hauptinsel Honshu nur eine ganz normale Industrie- und Handelsmetropole. Doch dann erhebt sich auf einem Hügel im Herzen der Stadt eine wunderschöne vollständig erhaltene Burg. Sie heißt *Shirasagi-jo,* die „Burg des weißen Reihers" – ein fünfstöckiger Hauptturm, durch geschützte Gänge mit den Außentürmen verbunden, 21 Tore, geschwungene Dächer, Mauern, die aus grauen Natursteinen und blendend weiß verputzten Fronten bestehen. Im Frühling bilden blühende Kirschbäume den Rahmen für ein perfektes Japanbild. Seit 1993 zählt die Burganlage zum Weltkulturerbe.

Die Ginko-Festung von Kumamoto: Die Metropole der gleichnamigen Präfektur auf der südlichen Insel Kyushu zählt zu den wenigen japanischen Städten, deren Silhouette nicht allein von Hochhäusern geprägt wird, sondern von einer mächtigen Festung. Die Feste trägt den Beinamen Ginko-Burg, sie wurde 1601 bis 1607 errichtet und galt zu ihrer Zeit als eine der mächtigsten Burgen des Landes. Ursprünglich hatte die Anlage drei Hauptgebäude, 49 Türme, 29 Burgtore und 16 zweigeschossige Tore. 1877 wurden große Teile nach einem Feuer und einer Belagerung durch Rebellen zerstört. In den vergangenen Jahrzehnten wurden große Teile der Burg von Kumamoto restauriert und erneuert.

Die Krähenburg von Matsumoto: Umgeben von breiten Wassergräben, gesichert von halbhohen Steinmauern und Erdaufschüttungen gegen Kanonenbeschuss, das Ganze überragt von einem sechsstöckigen Hauptturm – die Burg von Matsumoto in der Präfektur Nagano gilt als eine der wenigen original erhaltenen Festungen des Landes. Wegen des schwarzen Anstrichs und der geschwungenen Dächer wird sie auch „Krähenburg" genannt. Erbaut wurde sie 1504.

www.tabibito.de/japan/burgen.html
www.welt-der-samurai.de/burgen.html

JESUS, MARIA UND JOSEF

Das Land ist zwar reich an Merkwürdigkeiten, trotzdem würde wohl niemand in der Nähe eines unscheinbaren japanischen Dorfes das Grab von Gottes Sohn vermuten. – Besuch an einer Ruhestätte, die selbst Tiefgläubige zweifeln lässt.

Iesu *(Jesus)*

Shingo liegt westlich vom Towada-See im Norden der japanischen Hauptinsel Honshu. Es ist ein reizloses Dorf mit knapp 3000 Einwohnern und einem modernen Rathaus, in dem drahtige Bauern in khakifarbenen Arbeitshosen ein- und ausgehen. Vor dem Betreten der Amtsstuben ziehen sie ihre Gummistiefel aus und schlüpfen in gemeindeeigene Plastikpantoffeln.

Niemand in Japan würde an Shingo einen Gedanken verschwenden, wenn da nicht die angeblichen Grabstätten von Jesus und seinem Bruder Iskiri wären. Sie befinden sich etwas außerhalb des Dorfes am Hang eines Tales, in dem rechteckige Reisfelder die Jahreszeiten anzeigen. An der Straße erteilt ein zweisprachiges Verkehrsschild in Japanisch und Englisch die lapidare

Auskunft: „Tomb of Jesus". Ein Erdpfad führt den bewaldeten Hang hinauf. Auf halber Strecke riechen eine Herren- und Damentoilette. Der Pfad endet auf einem ebenen Platz. Linker Hand erheben sich die Grabsteine der Familie Sawaguchi – glatte Steinklötze auf stufenförmigen Steinplatten; halbabgebrannte Kerzen stecken in einem mannshohen Leuchter. Unter hohen Laubbäumen steht ein Pavillon, in dem die Beweise eines christlichen Lebens im shintoistischen Japan ausgestellt sind: Die alte Haustür der Sawaguchi-Familie, dessen geschnitztes Familienzeichen an den fünfstrahligen Davidstern erinnert; eine Puppe in einem Korb aus Reisstroh, mit weißer Babymütze, westlichen Rundaugen und Kreuzzeichen auf der Stirn; zwei lebensgroße Puppen, Bauer und Bäuerin, deren Bekleidung palästinensischen Ursprungs sein soll. Die männliche Puppe trägt einen Fedajin-Schal um den Kopf.

Die Ruhestätten befinden sich vis-à-vis. Es sind Hügelgräber, von niedrigen Holzzäunen umgeben. Auf ihrer Spitze erheben sich einfache Holzkreuze.

Es gibt zwei Hinweisschilder, auf denen in Englisch und Japanisch eine abenteuerliche Geschichte unter Zuhilfenahme mehrerer Konjunktive vorgetragen wird. Die Schilder sind eine Spende der örtlichen Busgesellschaft. Ihre Übersetzung lautet so:

JESUS CHRISTUS GRAB

Es wird angenommen, dass Christus im Alter von einundzwanzig Jahren nach Japan kam, um Theologie zu studieren. Mit einunddreißig Jahren kehrte er nach Judäa zurück, um Gottes Wort zu predigen. Aber anstatt seine Lehre anzunehmen, versuchten die Menschen ihn zu töten. Sein jüngerer Bruder Iskiri wurde gekreuzigt und starb an seiner Stelle am Kreuz. Christus, dem es gelang, der Kreuzigung zu entkommen, kehrte nach einer schwierigen Reise nach Japan zurück. Er lebte im Dorf Herai, und es wird angenommen, dass er einhundertundsechs Jahre alt wurde. An diesem heiligen Platz sind das Grabmal von Jesus Christus auf der Rechten und das von Iskiri auf der Linken verewigt. Die Legende behauptet, dass diese Fakten auf Jesus Christus Testament basieren.

Kurz nach unserer Ankunft erscheint ein Vertreter der Stadtverwaltung. Er trägt ein Bündel Fotokopien und drei Regenschirmen. Er heißt Sakurai und besitzt jene unerschütterliche asiatische Höflichkeit, an der westliche Urteilsfähigkeit, Denkvermögen und Logik wirkungslos abprallen. Wir sind nicht seine ersten ungläubigen westlichen Besucher und werden nicht die letzten sein. Zur Einstimmung überreicht er den Besuchern einen englischsprachigen Computerausdruck:

„JESUS CHRISTUS HAT IN JAPAN GELEBT: Es wird angenommen, dass Jesus Christus in Golgatha gestorben ist. Aber es gibt eine Geschichte, dass er nicht in Golgatha starb, sondern heimlich nach Japan kam, um dort im Dorf Shingo sein Leben zu verbringen. Diese Geschichte wurde zuerst von Herrn Ohmaro Takeuchi im Jahre 1935 veröffentlicht. Später besuchte Herr Takeuchi mit einigen Historikern das Dorf Shingo; sie hatten alte Dokumente dabei, welche zeigten, dass Jesus Christus im Dorf Shingo gelebt hatte. Während ihres Besuches konnte der damalige Bürgermeister, Herr Deniro Sasaki, Jesus Christus' Grabmal, genannt *toraizuka*, und die Grabstätte seines jüngeren Bruders, genannt *judaibo*, identifizieren. Am 28. Mai 1938 fand eine Gruppe Archäologen das sogenannte Testament von Jesus Christus. Veröffentlicht wurde es von der Archäologin Frau Kiku Yamane in ihrem Buch „Das Licht kommt aus dem Osten". Seitdem ist das Dorf Shingo in ganz Japan als geheimnisvoller und faszinierender Platz bekannt."

Der Besucher schluckt tief und raschelt mit dem Papier. Der Vertreter des Bürgermeisteramtes verzieht keine Miene. Herr Sakurai ist weder Historiker noch Religionswissenschaftler, sondern Pragmatiker; er arbeitet in der Tourismus-Abteilung. Vom Standpunkt eines Fremdenverkehrsexperten, erklärt er, seien die Grabstätten eindeutig ein Pluspunkt: „Sie haben unser Dorf in ganz Japan berühmt gemacht. Selbst das Fernsehen war schon da. Jedes Jahr kommen dreißigtausend japanische Gäste und rund hundert Ausländer. Die meisten Besucher haben wir Anfang Juni. Dann feiern wir das Jesus-Festival." Dabei würde ein Shinto-Priester an den Gräbern beten, Kimono gekleidete Frauen aus dem Dorf im Kreis um die Ruhestätte tanzen und dazu das Wort *nanyadora* singen. Es sei ein Begriff, der seit Generationen weitergegeben würde. Niemand habe eine Ahnung, was er bedeute.

Der Besucher lässt seinen Kugelschreiber übers Papier eilen, Regen trommelt auf die Schirme. Herr Sakurai gibt sein Bestes, die Mär mit harten Fakten anzureichern. Der alte Dorfname von Shingo, erklärt er, habe Herai gelautet, was an *heburai* erinnere, dem japanischen Wort für Hebräisch. Dann wäre da noch ein besonderes Dorflied, dessen Text ebenfalls hebräisch sei und in der Übersetzung wie folgt lauten würde: „Ich lobe Deinen heiligen Namen; wir werden die Fremden zerstören, und wir preisen Denen heiligen Namen." Außerdem sei Shingo der einzige Ort in Japan, in dem Shinto-Priester Neugeborene mit dem Kreuzzeichen segnen würden.

Aber wie ist der gekreuzigte Iskiri nach Japan gekommen? Herr Sakurai zischelt durch die Zähne und wiegt den Kopf: „Das ist eine rätselhafte Sache."

Leider ist es nicht möglich, die Swaguchi-Familie, Stammhaus des Christentums im nördlichen Japan, zu besuchen. Nachdem der Besucher später einige der japanischen Fotokopien übersetzen lässt, weiß er, dass er wenig versäumt hat. In einem Beitrag zitiert der Autor einen Bauern aus Shingo wie folgt: „Herr Sawaguchi sieht nicht aus wie ein Japaner. Also muss er ein Nachkomme von Jesus sein." Und im Interview mit Herrn Sawaguchi kommt es zu folgendem Dialog. Frage: „Glauben Sie, ein Nachkomme von Jesus zu sein?" Antwort: „Ja. Als ich ein Kind war, haben die Leute gesagt, ich sei ein Nachkomme von Jesus."

Was aber ist tatsächlich passiert? Woher kommen die christlichen Rituale? Wer ruht in der kalten Erde?

Die logischste Erklärung dürfte diese sein: Im Jahre 1549 wurde vom Jesuitenpater Franz Xaver das Christentum nach Japan gebracht, wo die neue Religion schnell Fuß fasste. Christliche Priester errangen die Gunst des Shoguns, mächtige Adelige und Lehnsherren ließen sich bekehren. In der Blütezeit gab es unter den damals rund zwanzig Millionen Einwohnern Japans rund 150 000 Christen. Doch schon bald wurde vom Shogunat die neue Religion als Gefahr betrachtet. Loyalität zu einem fremden Gott entsprach nicht dem Herrschaftsanspruch der japanischen Machtelite; die Tropfen des Zweifels sollten nicht den reinen Geist vergiften. Bereits 1597 starben die ersten Bekehrten am Kreuz. 1612 wurde von Shogun Ieyasu das Christentum per Gesetz verboten. Zwei Jahre später erfolgte ein noch härteres Edikt. Unter Ieyasus Sohn Hidetata kam es zu den schlimmsten Verfolgungen. Die Verbrennung von Christen, stellte man bald fest, erwies sich als nicht abschreckend genug. Das ergreifende Bild des Märtyrers, der in den Flammen betet und zum Himmel aufblickt, führte nur zu mehr Bekehrungen. Zur Abschreckung wurden danach Gläubige lebendig begraben, sodass nur noch ihr Kopf aus dem Boden ragte. 1638 war das Christentum in Japan fast völlig ausgerottet.

Möglicherweise gelang es einem Priester in den damals unwegsamen Norden zu flüchten. Dort, in einem einsamen Dorf, fern aller politischen Überwachung, konnte er den fremden Riten nachgehen. Mit seinem Tod kam das Vergessen. Was die Jahrhunderte überdauerte, waren das Kreuzzeichen und ein hebräisches Lied mit alttestamentarischer Unbeugsamkeit: „Ich lobe Deinen heiligen Namen; wir werden die Fremden zerstören, und wir preisen Deinen heiligen Namen."

Evangelische Mission in Japan: http://bit.ly/IdQW43
Katholische Kirche in Japan: http://bit.ly/Jx7r7M
Website des Dorfes Shingo (jap.): www.vill.shingo.aomori.jp

DIE WAHRHEIT IST HOCHPROZENTIG

Nur an der Theke überschneiden sich Leben und Theater. Spätestens nach dem fünften Sake befreit sich auch das japanische Ich vom Joch der Konventionen und Verpflichtungen. Kanpai!

kanpai *(Leeren des Trinkbechers, Prost)*

Ein gedeihliches Zusammenleben auf engstem Raum setzt bestimmte Charakteristika voraus: Disziplin, Ordnungsliebe, Rücksichtnahme. Das Regelwerk dafür zieht sich durch die gesamte Gesellschaft. Überall beherrschen Zwänge und Beschränkungen das menschliche Miteinander – daheim in der Großfamilie, später in der Schule und Universität, danach in der Firma oder dem Großunternehmen. Individualität wird nicht ausgelebt, sondern gekonnt unter dem Deckmantel von Tradition und Konvention versteckt. Japaner lieben das Schweigen und ziehen sich bei Bedarf gekonnt hinter den hohen Mauern der Abgeschiedenheit zurück. Nur eine Sache lockert das starre Reglement auf. Alkohol ist der große japanische Gleichmacher. Er ist der Stoff, aus dem die persönliche Freiheit ist. Alkohol setzt alle Höflichkeits- und Hierarchie-Regeln außer Kraft. Unter Alkoholeinfluss wird Dampf abgelassen, die Wahrheit gesagt, das Gesicht hinter der Maske gezeigt. Der Vorgesetzte darf angepflaumt werden, mit der schüchternen Mitarbeiterin wird plump geflirtet, am Straßenrand der Mageninhalt geleert. Am nächsten Tag ist alles vergeben und vergessen.

Was für Japaner den Genuss von Alkohol schmälert, trägt die Kurzbezeichnung ADH. Dahinter verbirgt sich das Enzym Alkoholdehydrogenase, das Alkohol in unserem Körper abbaut. Laut wissenschaftlichen Untersuchungen verfügen 46 Prozent der Japaner (und 56 Prozent der Chinesen) nicht über dieses Enzym. Folge: Ihr Körper akkumuliert das Gift, sie bekommen ein knallrotes Gesicht, beginnen zu schwitzen und laborieren noch lange an einem Kater.

Des einen Leid ist des anderen Freud. Für den Reisenden bedeutet ADH, dass er endlich einmal in einem Land unterwegs ist, in dem er bei Trinkgelagen, Umtrunken und Zechereien mithalten kann.

Notizen aus dem Promille-Land

Weil die Pension so trocken ist wie eine Mormonengemeinde, schlüpfen wir noch einmal in unsere Schuhe und gehen in ein nahes Hotel. Zwar verfügt die Herberge nicht über eine Bar, dafür stehen in der Rezeption ausufernde Sessel bereit. Wir lassen uns in weiches Leder sinken und studieren die Getränkekarte. Sie sind die Autobiographie der japanischen Konsumwelt. Modedrinks erscheinen, werden geleert und verschwinden wieder. Whisky erlebt eine Blütezeit, französischer Rotwein oder Caipirinha sind plötzlich mega-in – oder mega-out. Was ewig währt, sind Bier und Sake. Wir bestellen eiskaltes Ashai-Bier. Ein kicherndes Hausmädchen bringt große Flaschen und kleine Gläser. Wir laden den Nachtportier ein, mitzuhalten. *„Domo, domo“,* sagt er und wuselte hinter der Rezeption hervor.

Wir trinken auf Deutschland und Japan und die Völkerverständigung und die Kirschblüte, die bereits ein halbes Jahr zurückliegt. Als Eingeladener schenkt uns der Portier ein. Mit beiden Händen halten wir ihm unsere Gläser hin. *„Domo, domo.“* Es ist sehr still. Nur das Plätschern eines nahen Sees ertönt und das Kollern der Ochsenfrösche.

Das Gespräch wendet sich den Mächtigen im Land zu. Japanische Politiker seien korrupt und geldgierig und machthungrig und Lügner, erklärt der Portier emphatisch.

„Dann gehen Sie also nicht zur Wahl?“

„Doch, doch.“

„Und welche Partei wählen Sie?“

Vorsichtig blickt er sich um, als vermute er einen heimlichen Zuhörer. Er beugte den Kopf vor und flüsterte: „Die Kommunisten.“

„Warum die?“

Ein schlaues Grinsen huscht über sein Gesicht: „Weil sie nicht an der Macht sind. Und niemals die Regierung stellen werden.“

Traditionell in die Sprachlosigkeit

Am Towada-See übernachtet der Reisende in einem japanischen Fünf-Sterne-Hotel mit außerordentlich großen Gästezimmern und langen, dunklen Fluren, die an Krankenhausgänge erinnern. Nach dem Abendessen lädt der Sohn des Hotelbesitzers zum Umtrunk ein. Er heißt Nakamura, ist einunddreißig Jahre alt und hat nicht viel zu sagen. Während die Sätze zäh wie Sirup

aus seinem Mund tropfen, vertilgt er ganz allein eine Standard-
flasche Sake, immerhin stolze 1,8 Liter. Er trinkt ihn kalt und
benutzt als Trinkbecher ein traditionelles viereckiges Holz-
kästchen.

Bevor der Reiswein ihn völlig sprachlos macht, erzählt Herr
Nakamura, er habe schon siebenmal seinen Urlaub auf Bali ver-
bracht.

„Und was machen Sie dort?"

„Am Pool liegen und Piña Colada trinken."

Von Großhirnen und der Gleichheit der Menschen

„Wissen Sie, dass Japaner und Ausländer unterschiedliche Gehirn-
funktionen haben?", fragt Herr Glückliche-Insel, alias Fukushima.

„Ja", murmelt der fremde Besucher und schlägt die Augen gen
Decke.

Die abenteuerliche Theorie wurde von Doktor Tsunodu Tad-
anobu aufgestellt, Mitglied der Medizinischen und Zahnärztlichen
Universität Tokio. Kurz erklärt besagt sie folgendes: Das Großhirn
des Menschen besteht aus zwei stark gefurchten Halbkugeln
(Hemisphären), die durch einen tiefen Einschnitt voneinander
getrennt sind. Die Verbindung zwischen beiden Hemisphären
wird durch einen dicken Nervenstrang, den sogenannten Balken,
hergestellt. Laut Dr. Tsunodu ist zwar die funktionale Struktur
des Gehirns bei allen Menschen gleich, sie würde sich jedoch
später ändern, je nachdem, welche Sprache ein Kind lerne. Japanisch, das sich im Gegensatz zu den meisten Kultursprachen
durch seine zahllosen Vokale auszeichne, beeinflusse die Entwicklung des Gehirns eines Japaners. Das Gehirn eines Westlers
sei nach unterschiedlichen Funktionen aufgeteilt: links rational,
rechts emotional. Bei Japanern hingegen reagiere die linke

Gehirnhälfte sowohl auf logische als auch auf gefühlsmäßige Einflüsse.

In Japan, wo die Suche nach kulturellen Unterschieden, nicht nach Gemeinsamkeiten, bevorzugt wird, stieß die wissenschaftliche Begründung des Andersseins auf große Begeisterung.

Dozierend hebt Herr Fukushima an: „Nehmen wir zum Beispiel die Natur. Ausländer reagieren auf die Schönheit einer Landschaft intellektuell und logisch, wir Japaner dagegen gefühlsmäßig. Harmonie mit der Natur ist eine japanische Geisteshaltung."

Der Besucher denkt an die zahllosen wilden Müllkippen, die hässlichen Elektrizitätsleitungen, die sich planlos durch das Land ziehen, an die vergammelten Getränkedosen, die die Straßenränder pflastern – und sagt: „Quatsch!" Für einen Moment scheint Herr Fukushima aus der Fassung geraten zu sein. Dann sagt er: „Aber das ist wissenschaftlich begründet."

Wir befinden uns in einem Spezialitätenrestaurant in der fernen Provinz, sechs Hocker vor der Theke, drei Tische, sechs Stühle, ein Fernseher, der ein Baseball-Spiel überträgt, das niemand beachtet. Der Wirt, gleichzeitig Koch und Kellner, hat ein Gesicht wie ein Ausrufezeichen und den Ansatz eines Oberlippenbartes. Wir sitzen zu Dritt an der Theke, Herr Fukushima links, der japanische Begleiter in der Mitte, der Besucher rechts. Herr Fukushima ist klein und rund und agil, schätzungsweise Mitte vierzig. Er ist Stammgast. Vor ihm steht eine Flasche Suntory Whisky, auf dessen Etikett sein Name mit schwarzem Filzstift verewigt ist. Er trinkt *mizu-wari*, Wasser-Mischung, Whisky verdünnt mit Leitungswasser und angereichert mit Eiswürfeln. Wir haben Bier bestellt und *nihonshu*, japanischen Wein, wie die korrekte Bezeichnung für Sake lautet. Zu essen gibt es *Sashimi, Sushi,* zum Abschluss *Tempura,* Garnelen mit einem dünnen Mantel aus Rührteig in Öl gebraten. Der Sake wird vom Wirt klassisch in einem Wasserbad erhitzt.

Herr Fukushima ist ein weit gereister Mann. In seiner College-zeit hat er bei einem Austauschprogramm drei Wochen die Staaten besucht („Meine Klassenkameraden und ich haben die ganze Zeit Mahjong gespielt"). Von Beruf ist er Elektrohändler. Sein Geschäft liegt in der Einkaufsstraße („Zur Zeit läuft eine Sonderaktion. Reiskocher, dreißig Prozent Rabatt").

Überzeugt sagt er: „Ausländer sind anders als Japaner."

„Darin ist unser Gehirn schuld", sagt der fremde Besucher. Der japanische Begleiter kichert aus dem Bauch.

„Genauso ist es", erklärt Herr Fukushima.

Wie viele *Gaijin* er denn schon kennengelernt habe, will der japanische Begleiter wissen.

„Hans-san ist mein erster."

„Und?"

„*So, né*", grunzt Herr Fukushima. „Er isst rohen Fisch und trinkt mehr Sake als ein Japaner."

Von der Melancholie des Augenblicks

In der Kleinstadt Chichibu vor den Toren Tokios, die berühmt ist für ihre 34 Tempel und ihre heißen Quellen, endet ein langer, anstrengender Wandertag in einem *Ryokan,* dem traditionellen japanischen Gasthaus. Wir bekommen das Pinien-Zimmer. Ausziehen, dann in den vom Gasthaus bereit gelegten Baumwollkimono schlüpfen und ab ins heiße Bad. Tatsächlich gibt es zwei Bäder, eines befindet sich innen, das andere liegt unter freiem Himmel. Ein Bambuszaun schützt es gegen neugierige Blicke. In dem nierenförmigen Becken sind glatte Felssteine wie Hocker,

Tisch und Sessel angeordnet, selbst die Armlehnen fehlen nicht. Nachdem wir uns gründlich gewaschen haben, gleiten wir vorsichtig ins heiße Nass. Eine Laterne ist die einzige Lichtquelle. Kiefern zeichnen sich gegen den Himmel ab.

Im Bad entspannt sich auch ein ehemaliger Professor der Sofia-Universität. Herr Shimamura, 75, ist Witwer und verprasst seine Pension beim Besuch von Thermalbädern. „Onsen sind ein Synonym für *gokuraku,* das Paradies", sagt der Professor. Sein Kopf ragt aus dem Dampf, als sei er vom Rest des Körpers getrennt. Vor ihm schwimmt ein rundes Holztablett, auf dem mit Sake gefüllte Keramikflaschen und ovale Keramiktrinkbecher stehen. Er schiebt uns das Tablett wie ein Schiffchen zu: „Trinken Sie mit." Weil dies ein intellektueller Umtrunk ist, wird der Reiswein nicht gekippt, sondern geschlürft. Im warmen Glühen des ersten Sake werden Menschen zu Brüdern. Der Professor schwelgt in der Melancholie des Augenblicks und zitiert Shakespeare: „Wir sind aus dem Stoff, aus denen die Träume sind, und unser kleines Sein umgibt ein Schlaf."

Später wird im Pinien-Zimmer das Abendessen serviert. Der Name des Zimmermädchen lautet Abe. Stilvoll trägt sie auf: Aus den Sandalen schlüpfen, niederknien, Tablett absetzen, Schiebetür öffnen, sich vor den Gästen tief verbeugen. Mit dem Tablett aufstehen, Zimmer betreten, niederknien, Tablett absetzen, Schiebetür hinter sich schließen. Mit dem Tablett aufrichten, zum Gast schreiten, niederknien, Tablett vor ihm abstellen. Puh!

Auf dem Standtablett aus Lack befindet sich ein Kunstwerk aus Körben, Tellern, Schalen und Schälchen mit den Köstlichkeiten der Region: roher Karpfen, gebratene Scholle, gekochter Wels, Schweinefleisch und Pilze in einer Sauce, Fleischrollen,

Miso-Suppe, hausgemachte Nudeln. Zur Selbstbedienung dampft weißer Reis in einem braunen Holzkübel. Dazu kaltes Bier und noch mehr warmen Sake.

Es bedarf keiner großen Überredungskünste, Fräulein Abe zum Mittrinken zu animieren. Außer dem Besucher aus Tokio sind wir die einzigen Gäste. Den Professor, erklärt Fräulein Abe, habe das heiße Bad so angestrengt, dass er schon schlafe.

Fräulein Abe ist Ende Zwanzig, also noch jung, weshalb der japanische Begleiter sie mit *imoto* anspricht, Jüngere Schwester. Sie kommt aus Nord-Honshu, Heimat der besten Sake-Sorten, was ihr eindrucksvolles alkoholisches Stehvermögen erklärt. „Bei uns daheim sind gute Jobs rar", sagt sie. Seit über zehn Jahren arbeitet sie im Ryokan, Zwölf-Stunden-Tag, Sechs-Tage-Woche, einmal in Jahr zehn Tage Heimaturlaub. Ihre Arbeit betrachtet sie mehr als Berufung denn als Beruf. Stolz erzählt sie: „Unsere heiße Quelle ist besonders gut gegen Rückenbeschwerden, Rheuma und Akne bei jungen Mädchen. Und dann kommen häufig kinderlose Ehepaare. Wie haben Dankschreiben, weil einige Frauen nach einem Besuch bei uns schwanger wurden."

„Vom Baden?", fragt der Gast überrascht.

Die Jüngere Schwester hält die Rechte vor den Mund und kichert. Sie trägt einen weißen Unterkimono, darüber einen glänzenden, lilafarbenen Seidenkimono. An den Füßen hat sie *Tabi*, weiße Socken, an denen der große Zeh freisteht, um die Riemen der Sandalen zu halten. Ihr Gesicht ist kalkweiß geschminkt. Ihre Haare sind hochgebunden, ein Stil, der im Japanischen „umgekehrtes Jungfrauenhaar" heißt.

Der Reiswein nähert sich dem Ende. Nachschub wird benötigt. Wir kennen das Ritual: Aufstehen, zur Türe gehen, niederknien, Schiebetür öffnen, aufstehen, vor die Tür treten, niedersinken, sich vor den Gästen verbeugen, Tür schließen, in die Sandalen schlüpfen, zur Küche gehen. Zurück beginnt alles wieder von Neuem.

Selbst das Einschenken des Reisweins ist ein Ritual. Die Keramikflasche wird von der Jüngeren Schwester mit Daumen und Zeigefinger der linken Hand ergriffen. Sie hält sie leicht geneigt, sodass der Boden auf den ausgestreckten Fingerspitzen der anderen Hand ruht. Dann füllt sie unsere Schalen bis zum Rand. Der japanische Begleiter nimmt ihr die Flasche aus der Hand, schenkt ihr schwungvoll und weniger formgewandt ein. Wir prosten uns zu: „*Kanpai!*" Wenn die Jüngere Schwester getrunken hat, holt sie aus den Tiefen ihres Kimonos ein gefaltetes Taschentuch hervor, mit dem sie sich die feuchten Lippen abtupft.

Inzwischen sind ihre hochgebundenen Haare etwas derangiert, und unter der weißen Schminke kommt eine gesunde rote Gerichtsfarbe zum Vorschein. Die Jüngere Schwester erzählt: „Letzte Woche musste ich für unsere neue Hausbroschüre im Frauenbad posieren. Natürlich habe ich dem Fotografen nur meinen Rücken gezeigt."

Sie demonstriert, wie sie ihren Busen mit überkreuzten Armen verdeckt hat. Viel zu verbergen hat sie nicht.

Und ewig lockt die Gesellschaftsdame

Thekenplätze sind unbezahlbare Logen für kleine Dramen und wechselnde Bühnenstücke. Wer schweigt und lauscht, erfährt das Herz der Dinge.

Diesmal befinden wir uns in einer Bar der besseren Art. Es ist kurz vor Mitternacht und der große Ansturm ist langsam abgeebbt. An einem der Tische sitzt ein melancholischer Gast und schaut trübsinnig in sein schales Bier. Seine Naturkrause benötigt dringend einen Haarschnitt. Etwas später bekommt er Besuch, eine junge Dame, ganz in Schwarz: schwarze Stöckelschuhe, schwarze Nylons, schwarzer Rock, schwarze Seidenbluse. Sie ist zu stark geschminkt, ihre Stimme hoch und schneidend.

„Eine Gesellschaftsdame", informiert flüsternd der japanische Begleiter.

„Gesellschaftsdame?"

„Man kann sie in bestimmten Bars bestellen. Sie unterhalten einen. Sehr teuer. Mindestens fünftausend Yen pro Stunde." Aus der Musikanlage erklingt ein Enka, ein sentimentales Trink- und Liebeslied:

> *„Gleichgültig, wie schwer das Leben ist,*
> *ich kann alles ertragen, wenn es deinetwegen geschieht.*
> *Ich bin nur eine Bardame, zwei Jahre älter als du,*
> *Ich wollte dein Studium bezahlen,*
> *Aber du schlugst mich, wenn ich spät nach Hause kam.*
> *Du konntest deinen Roman nicht schreiben,*
> *Denn du gabst dich zu sehr dem Trunke hin."*

Die Gesellschaftsdame sagt: „Was für ein Tag! Zuerst ist meine Frisöse krank geworden, dann habe ich Zahnschmerzen bekommen und musste zum Arzt. Mein Auto wollte nicht anspringen. Beim Arzt musste ich stundenlang warten. Er will meinen Weisheitszahn ziehen." – Weisheitszahn heißt im Japanischen *oyashirarzu*, der Zahn, von dem die Eltern nichts wissen. Aus den Lautsprechern ertönen wimmernde Geigen:

> *„Lass uns jetzt gemeinsam sterben, in diesem Zimmer,*
> *Wo ich davon träumte, eine gute Ehefrau zu werden.*

Vielleicht wird es kein Morgen geben,
Lass mich unsere letzte Tasse Tee einschenken ...“

„Sie sind heute Abend schon mein dritter Kunde. Der erste roch fürchterlich nach Knoblauch. Der andere war schon betrunken, obwohl es gerade 7 Uhr war. Sie sind doch nicht betrunken? Nein! Wenn es Ihnen nichts ausmachen würde, ich hätte gerne ein Bier.“

Das Lied nähert sich dem Höhepunkt, Mandolinen und Bläser und die Geiger legen sich noch einmal ins Zeug:

„Liebesselbstmord einer Shinjuku-Frau,
Wenige werden es in der Zeitung gelesen haben.
Aber das Leben war warm in jener Nacht,
denn meine weißen Arme lagen um deinen Hals.“

Nach genau sechzig Minuten erhebt sich die Gesellschaftsdame, verbeugt sich geschäftsmäßig und rauscht hinaus in die flüsternde Nacht. Wie eine Schleppe zieht sie süßen Parfümduft hinter sich her. Ihr Kunde bestellt einen doppelstöckigen Whisky.

http://bit.ly/VPygtu
www.japan-infos.de/tag/alkohol

Lobgesang auf das japanische Butterbrot

inago (Kind der Reispflanze – Heuschrecke)

Sushi, Sashimi & Co. haben längst die kulinarische Welt erobert. Jetzt wird es Zeit für unbekannte japanische Spezialitäten wie ume-boshi, inago tsukudani oder onigiri. Ein lukullischer Wegweiser.

Onigiri: Mit getrocknetem Seetang umwickelte kalte Reisbällchen mit Füllung (z.B. Pflaume, Rettich, Lachs, Bonitospäne) – oder ohne

Sitzt ein deutscher Reisender im Bahnabteil, packt er spätestens wenn der Heimatbahnhof am Horizont verschwunden ist, sein Butterbrot aus. Das japanische Pendant heißt onigiri, schön fürs Auge, schwach im Geschmack und schwer im Magen. Für die faustgroßen Klöße wird gekochter Reis mit den Händen geformt. Darum werden geröstete nori, Seetangblättchen gewickelt oder die Klöße werden mit schwarzem Sesam bestreut. Üblich sind runde oder dreieckige Formen.

Umeboshi: In Salz und Essig eingelegte Pflaumen, als Snack oder Geschmacksbeilage zum Reis

Warum lächeln Japanerinnen so süß? Weshalb verlieren japanische Männer selbst unter Stress selten die Fassung? Wächst die Antwort auf dem japanischen Pflaumenbaum (lat. prunus mume)? Die weißen, unreifen Früchte – tatsächlich zählen sie zur Familie der Aprikose – werden über zwei Jahre bearbeitet: in einer salzigen Lake eingelegt, mit purpurfarbenen Shisoblättern eingefärbt, die ihnen den rosa Ton verleihen, in der Sonne getrocknet. Das Ergebnis ist dreimal so sauer wie eine Zitrone. Wer so etwas ungerührt essen kann, dem vergeht nie das Lachen. Der Ume-Baum ist ein Symbol für glücksverheißende Ereignisse wie Geburt und Hochzeit. In Japan gibt es über 4500 Gedichte, in denen er als „König der Blüten und Bäume" gepriesen wird: Das Mondlicht,/das durch die Pflaumenblüten/beim Vordach scheint,/es scheint zu duften/in der Frühlingsnacht.

Shirauo: Kleine, fast durchsichtige Fische, die lebend gegessen werden

Salangichthys microdo, der japanische Eisfisch, verwandt mit dem Barsch, wird eigentlich in Nippon getrocknet angeboten. Wahre Gourmets verschlucken den rund drei Zentimeter langen, fast durchsichtigen Shirauo jedoch lebend. Schmeckt nach nichts, vermittelt aber ein bewegendes Bauchgefühl.

Mochi: Klebriger Reiskloß oder -kuchen; in Japan heiß geliebt, obwohl er als Neujahrs-Mörder berüchtigt ist

Glutenhaltiger Süßreis wird gekocht, gedämpft, die Masse traditionell in einem Mörser mit einem Holzhammer geschlagen und dabei immer wieder gewendet, bis ein zäher Kloß entsteht. Das Schlagen, mochitsuki im Japanischen, gilt als glückliche Handlung und zählt deshalb zu den Neujahrsritualen. Mochi, in 4-5 Zentimeter große Quadrate geschnitten, wird als Nachtisch mit gezuckerter Sojasoße gegessen, als Knusperstange oder Suppenbeilage. Jedes Jahr sterben mindestens ein Dutzend, vor allem ältere Japaner an der Spezialität: Ihnen ist mochi im Hals stecken geblieben.

Natto: Fermentierte Sojabohnen, als Beilage, als kleine Mahlzeit für Zwischendurch. Oder, ganz modern, mit Spaghetti

Natto dient als wichtige Eiweißquelle und Lieferant von Vitamin B12. Verkauft wird das Produkt in Plastikpackungen. Drinnen befinden sich vergorene Bohnen, ein Päckchen Senf und eine Tüte Tsuyu, eine Soßenmischung auf der Basis von Sojasoße. Mit den Essstäbchen wird alles verquirlt, bis eine schleimige Masse entstanden ist. Die Textur der Bohnen erinnert an Alleskleber, der Geschmack an alte Schuhe, der beißende Geruch an vergammelte Kartoffeln. Natto ist der ultimative Beweis für die These japanischer Einzigartigkeit: Nur in Nippon kann so ein Gericht Kultstatus erlangen.

Inago tsukudani: Frittierte, gesüßte Heuschrecken, ökologisch korrekt aus dem Reisfeld

Gibt's in Tüten wie bei uns kalorien- und fettreiche Kartoffelchips oder Erdnussflips. Statt Kalorien und Fett bieten sie Vitamine, Proteine und Mineralien. Die Zubereitung erfolgt so: Frisch gefangene Heuschrecken müssen über Nacht fasten, um den Magen zu leeren. Danach werden sie drei bis vier Minuten in heißem Wasser gekocht, müssen zwei bis drei Tage in der Sonne trocknen. Anschließend werden sie noch einmal kurz in einer Mischung aus sehr viel Sojasauce und Zucker, plus etwas Sake und süßen Sake gekocht. Ideales Knabbergebäck zu grünem Tee oder kaltem Bier.

Hachino-ko: gekochte und eingelegte Wespen- und Bienenlarven

Die Zubereitung von Bienen- und Wespenlarven ist eine Spezialität in der Provinz Nagano. Im August werden die Insekten mit Feuerwerkskörpern aus ihren Nestern vertrieben. Zubereitet werden die geernteten Larven auf verschiedene Weise: entweder geröstet und gesalzen, oder gekocht in einer Soße aus Soja und Zucker. Dann erinnert ihr Geschmack an Pfannkuchen mit Honig und Milch. Dem verstorbenen Kaiser Hirohito wird nachgesagt, er habe geröstete Wespen, gewürzt mit Sojasauce und Zucker, gern als Beilage zu seinem Reis genossen.

www.tabibito.de/japan/essen.html
http://japan-infos.de/essen

CHRISTLICHE SPURENSUCHE

Zwischen ewiger Gnade und den Schrecken des Daseins: Unterwegs auf den Amakusa-Inseln, einem alten Zentrum des östlichen Christentums.

shinkoku *(Götterland)*

Manche Landschaften erinnern an eine Zeit, als Mensch und Natur noch im Einklang lebten. Am Zugfenster zieht ein solches Terrain vorbei: stille Dörfer, Reisfelder, mit Plastikbahnen abgedeckte Gewächshäuser. Am zerklüfteten Küstenstreifen verstecken sich kleine Häfen hinter hohen Schutzmauern aus Beton. Manchmal steigen Reisterrassen neben dem Meer in den Himmel. Sind sie geflutet, wirken sie im späten Abendrot wie flüssiges Gold.

Im Frühling schimmern blühende Kirschbäume zwischen Kiefern und Lärchenbäumen. Im Mai blühen im Unzen-Koen-Nationalpark auf der Halbinsel Shimabara über dreißig Sorten Azaleen. Der Winter bringt ein besonderes Phänomen, den Silberflaum, einen Raureif, der Bäume und Felder mit einer weißen Decke

überzieht. Hakushu Kitahara (1885–1942), Kyushus berühmtester
Poet, schrieb über seine Heimat:

> *Am Ende des Lärchenwaldes*
> *sehe ich den Weg, den wir hätten nehmen sollen,*
> *den Weg, auf dem es nieselt,*
> *und der Bergwind weht.*
> *Durch den Lärchenwald kommend –*
> *diese Lärchen, die so wehmütig sind.*
> *Nicht grundlos verlangsamt sich mein Schritt,*
> *diese Lärchen wispern in meinem Herzen.*

Kyushu ist die südlichste der vier japanischen Hauptinseln. Der
Name bedeutet Neun Provinzen, obwohl das Eiland inzwischen
nur aus sieben Präfekturen besteht. Die Insel ist etwas größer
als die Schweiz, hat 13,5 Millionen Einwohner, ist gebirgig und
vulkanisch, und besitzt wenig Großindustrie.

Einst hieß das Eiland *Saikaido*, Ostmeerweg. Am Anfang der
japanischen Geschichte war sie der bedeutendste Besiedlungs-
raum. Von hier brach der Yamato-Klan auf, um eventuell das ganze Archipel zu erobern. Eine Insel als Schnittpunkt zwischen
den Kulturen, Einfallstor für Neuerungen aus China und Korea:
Es kamen der Buddhismus und die chinesische Schrift, Weberei,
Bildhauerei, Töpferei, Teeanbau.

Im 13. Jahrhundert tauchte die größte Gefahr auf, die Mongo-
len. Zu diesem Zeitpunkt hatte das Reitervolk aus der Steppe
bereits China und Korea überrannt, war in Russland eingefallen
und bestürmte Polen und Ungarn. (1241 wurde beim schlesischen
Liegnitz eine deutsch-polnische Streitmacht von einem mongolischen Heer vernichtend geschlagen.) Japan sollte eine weitere

Provinz im mongolischen Machtbereich werden. Die erste Invasion der Steppenvölker endete 1274, nachdem einer ihrer Führer einem japanischen Scharfschützen zum Opfer fiel. Im Juni des Jahres 1281 schickte Mongolenherrscher Kublai Khan erneut eine Armee nach Kyushu, 150 000 Soldaten stark. „Sie kamen von China auf einer Brücke von zehntausenden Schiffen", hieß es in einem zeitgenössischen Bericht. Fast zwei Monate lang verteidigten sich die Japaner gegen die Übermacht, dann griffen die Götter ein: Am 16. August 1281 brach ein Taifun aus, der einen Großteil der Invasionsflotte zerstörte. Die Japaner nannten den Orkan voller Dankbarkeit *kamikaze*, Wind der Götter.

Ein paar hundert Jahre später gingen die ersten portugiesischen Schiffe in den Häfen Kyushus vor Anker. Im Jahre 1549 landete der spanische Missionar Francisco de Xavier mit zwei weiteren Jesuiten im heutigen Kagoshima, wo sie mit Erlaubnis des Daimyo von Satsuma zu predigen begannen.

Die ersten christlichen Gemeinden konnten eine große Zahl von Konvertiten vorweisen, was vielleicht am Unverständnis der Bekehrten lag: In offiziellen Dokumenten wurde berichtet, die Fremden verkündeten das Gesetz Buddhas.

Wer heute auf Gottes und Buddhas Spurensuche reist, braucht viel Zeit und Geld. Zuerst mit dem Shinkansen von Tokio nach Hakata auf der Insel Kyushu, weiter mit einem Eilzug zur alten Burgstadt Kumamoto, dann der Regionalzug nach Misumi.

Misumi liegt an der Westküste von Kyushu. Die Kleinstadt bildet das Tor zum Amakusa-Archipel, eine Gruppe von 120 Inseln, rund 880 Quadratkilometer groß, die sich in der Weite des Ostchinesischen Meers verlieren. Die Bewohner leben von der Land- und Forstwirtschaft, der Fischerei, dem Tourismus. Die größten Inseln heißen Oyanoshima, Kamishima und Shimoshima.

Fünf Brücken verbinden die Eilande untereinander und mit dem Festland. Die Ausflugsroute durch den Archipel trägt den poetischen Namen „Perlen-Linie". Wer sich hier bewegt, ist sehr weit von daheim.

Bei unserer Ankunft propagiert Misumi die Woche der Verkehrssicherheit. Vier Polizisten stehen an der Kreuzung und betrachten gelangweilt Autos und Lastwagen. Ausgerüstet sind sie mit Holzstöcken. Sie benutzen die Stöcke wie einen verlängerten Zeigefinger, mit denen Lehrer renitente Schüler verwarnen. Wer beim Abbiegen nicht rechtzeitig blinkt, dem droht der Stock.

Einziges öffentliches Verkehrsmittel auf den Inseln sind die grünen Busse der Sanko-Transportgesellschaft. In Misumi befindet sich die Haltestelle neben einer Tankstelle, zwanzig Gehminuten außerhalb des Ortszentrums. Nachmittags sitzen gerade ein halbes Dutzend Fahrgäste im Bus, alte Männer ohne Zeitverständnis, alte Frauen mit schwerbepackten Einkaufstüten.

Draußen wischt eine Traumlandschaft vorbei, schroffe Berge, tiefeingeschnittene Täler, eine zerklüftete Küste. In Buchten wird auf Bambusflößen Seetang geerntet; Krabben- und Austernfarmen überziehen das Meer, Holzpaddel auf Flößen rotieren durchs Wasser und sorgen so für ausreichend Sauerstoff. An den Berghängen kleben alte Bauernhäuser. Aus Stroh oder Ried sind die tiefgezogenen Dächer, weiß verputzt die Wände. An langen Holzstangen trocknet Rettich in der Sonne. Nebel hängt in den Wäldern, und Raben, das Gefieder schwarz wie Asche, hüpfen über abgeerntete Reisfelder. Der Busfahrer trägt weiße Handschuhe.

Im Hafen von Matsushima ankern Fischerboote, Schlepper und schwimmende Saugbagger. Das einzige moderne Gebäude im Ort ist eine hässliche Spielhalle Namens Da-Oh. Die Glasfront ist mit Neonreklamen zugepappt. Drinnen wird Pachinko gespielt.

Auf dem Asphaltplatz parken die bevorzugten Fahrzeuge einer ländlichen Bevölkerung, vierradbetriebene Minitransporter der Marken *Suzuki, Daihatsu* und *Honda*. Jetzt, Anfang November, haben die meisten Hotels, Gasthäuser und Restaurants geschlossen. Menschenleere Straßen, die Glockenspiele der Fußgängerampeln erklingen für niemanden.

Abends treffen wir in einem Fischrestaurant Herrn Masuda. Er ist ein fideler Mittsechziger mit der Jovialität eines Handlungsreisenden. Herrn Masuda spricht rudimentäres Englisch, kommt aber auf den Punkt. „I am a bad boy", sagt er pausenlos. Jeden Abend, erzählt er, gehe er einen trinken. Er bevorzugt *Shochu*, Kartoffelschnaps, angereichert mit einer eingelegten sauren Pflaume, gestreckt mit Mineralwasser. Danach vergnügt er sich im örtlichen Nachtclub, dessen weibliches Personal hauptsächlich aus Filipinas und Chinesinnen besteht. Seine Frau, erklärt er ungefragt, habe für seine Zerstreuungen größtes Verständnis. Das japanische Sprichwort sagt: „Hauptsache, der Mann ist gesund und nicht zu Hause." Über das Christentum weiß er nichts zu berichten, dafür viel über Autos. Herrn Masuda ist der örtliche Honda-Vertragshändler.

Ein neuer Tag, ein neuer Sanko-Bus. Die Straße zur Bezirkshauptstadt Hondo auf der Insel Shimoshima führt vorbei an kleinen Fischerhäfen hinter hohen Mauern und Ausflugslokalen in Schockfarben. Die beeindruckende Zahl von Steinbrüchen, Zement- und Kieswerken, Baggern, Raupen und Betonmischern symbolisiert die japanische Angst vor Naturkatastrophen und die unheimliche Allianz aus Politik und Bauindustrie. Die Küste ist entweder einbetoniert oder mit Wellenbrechern geschützt. Hässliche Betonmauern sichern Straßen gegen Erdrutsche. Kanalisiert sind die meisten Bachläufe und Flüsse. Eine Hinweistafel droht mit der automobilen Zukunft. Sie zeigt eine vierspurige Schnelltafel, die wie ein Betonfluss an der Küste verläuft.

Hondo gilt als Zentrum christlicher Erkennungszeichen. Die Topographie der Erinnerung ist eine sonderbare Mischung aus Pathos und Symbolik. Es gibt einen christlichen Friedhof, eine katholische Kirche, eine Lourdes-Grotte voller Marien-Statuen. Es gibt ein modernes Museum. In Glasvitrinen werden die westlichen Neuerungen und Absonderlichkeiten des 16. Jahrhunderts präsentiert: Uhren, astronomische Geräte, chirurgische Bestecke, vergilbte religiöse Bücher, Rosenkränze, Christus- und Heiligenfiguren. Die Ausstellungsstücke wirken wie tote Symbole aus einer kühlen Welt der Abstraktion.

Auf den Amakusa-Inseln war die Geschichte des Christentums kurz und blutig. Begonnen hat sie Ende des 16. Jahrhunderts mit der Errichtung eines Kolleg durch portugiesische Jesuiten-Missionare. Das Priesterseminar dauerte zehn Jahre – drei Jahre Latein, drei Jahre Philosophie, vier Jahre Theologie. In einem Anbau wurde eine Gutenberg-Presse aufgestellt. Unter den Konvertierten war auch ein ehemaliger Zen-Mönch, dessen einstige Unterweisung darin bestanden hatte, die Leere zu sehen und das Nichts zu hören. Später übersetzte er Wörterbücher und religiöse Werke, in denen die reine Wahrheit, absolute Unfehlbarkeit und ewige Gnade versprochen wurden. Eines der ersten Bücher, 1593 aufgelegt, war „Fabulas de Esopo", die Fabeln des sagenumwobenen griechischen Dichters Äsop. Wie die anderen Werke war es in die japanische Umgangssprache übersetzt und in lateinischen Buchstaben gedruckt worden.

Zu diesem Zeitpunkt stand die fremde Heilslehre auf den Inseln in höchster Blüte. Es gab zwölf Kirchen, die Zahl der Konvertierten ging in die Tausende. Tagelöhner und arme Bauern träumten von einer neuen Gerechtigkeit. Zumindest beim Blick in den Himmel durften alle Japaner gleich sein.

Im Jahre 1637 kam es auf den Amakusa-Inseln und der angrenzenden Halbinsel Shimabara zu einem der blutigsten Aufstände in der japanischen Historie. Auslöser war die unerträgliche Besteuerung der Bauern durch zwei Feudalherren. Wer nicht bezahlen konnte, wurde barbarisch bestraft: Absägen von Gliedmaßen mit einer Bambussäge, Pfählen, Verbrennen, Vierteilen, Tod auf dem Rost. Samurai ab einem bestimmten Rang erlaubte man großzügig, sich selbst den Bauch aufzuschlitzen. Das hieß *seppuku* oder *harakiri*. Höchstes Ziel der damaligen Bakufu-Militärdiktatur unter dem dritten Tokugawa-Shogun Iemitsu, war die Aufrechterhaltung der Ordnung. Bevorzugt wurden prompte Lösungen statt abstrakter Gerechtigkeit. Zwischen Gewalt und Gnade bestand kein Gleichgewicht.

Unter der Leitung eine Gruppe herrenloser Samurai rebellierte die Bevölkerung gegen die Unterdrückung. Spiritueller Anführer wurde ein attraktiver, wundertätiger 16-Jähriger namens Shiro Tokisada. Sein christlicher Name lautete Jeronimo, berühmt wurde er als Amakusa Shiro. Es hieß, sein Gesicht sei schön wie das eines jungen Mädchens gewesen. Es wird berichtet, er habe Feuer einatmen, in der Luft schweben, über Wasser gehen und Kranke durch Handauflegen heilen können. Er selbst behauptete, ein Abkömmling des Himmels zu sein.

Nach einigen Anfangserfolgen mussten sich die Aufständischen in eine verlassene Burg auf der Halbinsel Shimabara zurückziehen. 37 000 Menschen, darunter 14 000 Frauen und Kinder, verteidigten sich auf der Festung Hara gegen eine gewaltige Übermacht. Unterstützt wurden die Regierungstruppen von holländischen Händlern. Das Segelschiff „de Ryp" feuerte 426

Kanonenschüsse auf die Mauern ab. Am 11. April 1638, nach einer dreimonatigen Belagerung, wurde die Burg gestürmt. Dann begann das große Gemetzel. Der Kopf von Amakusa Shiro wurde zur öffentlichen Zuschaustellung nach Nagasaki geschickt.

Die Niederschlagung der Rebellion bedeutete gleichzeitig das Ende des Christentums in Japan. Die letzten Missionare wurden ausgewiesen – oder hingerichtet, einheimische Gläubige zum Widerruf aufgefordert – oder getötet. Alle Familien mussten sich im nächstgelegenen Tempel melden und Zeugnis darüber ablegen, dass sie nicht vom fremden Glauben verseucht worden waren. Wer auf Jesus- und Heiligenfiguren herumtrampelte, hatte die Prüfung des reinen Japanertums bestanden. Nur auf abgelegenen Inseln, abseits der politischen Überwachung, konnten einige christlichen Gemeinden überleben. Aus Angst vor Entdeckungen beteten sie nicht mehr die Mutter Gottes an, sondern die weibliche Kannon-Figur. Im japanischen Pantheon gilt Kannon als eine Transformation des erbarmungsvollen und gnadenreichen Buddha. Irgendwann erschöpfte sich ihr Glaube in mystischen Riten, fremden Rätseln und unerfüllten Hoffnungen.

Im Märtyrer-Park von Hondo auf der Insel Shimoshima erinnert ein Mahnmal an die Opfer des großen Aufstandes, es heißt sennin-zuka, Grabmal der Tausend Seelen. Ein Bronzerelief zeigt den portugiesischen Jesuiten Luis de Almeida, der 1569 von Nagasaki aus nach Amakusa gekommen war, um das Wort Gottes zu predigen. Die Statue von Amakusa Shiro weist mit dem linken Zeigefinger in die Unendlichkeit des Himmels. Einmal im Jahr findet zur Erinnerung an die Märtyrer eine nächtliche Fackelprozession statt.

Hondo selbst ist eine weitere gesichtslose Kleinstadt: ein Durcheinander aus Straßen und Gassen, Betonmasten mit einem

Gestrüpp aus Elektrizitäts- und Telefonleitungen, funktionelle Kastenbauten. Die kunterbunten Einkaufsstraßen wirken fußgängerberuhigt. Nur vor einem neueröffneten Solaranlagen-Geschäft ballen sich zehn Verkäufer und die gleiche Anzahl an schmückenden Office Ladies. Die Herren tragen *happi*, bunte kurze Jacken mit schmalem Gürtel zusammengehalten; auf dem Rücken ist das Firmenemblem gedruckt. Keine Kunden.

Auf dem Busbahnhof warten Menschen, die scheinbar alle Novalis gelesen haben: „Wohin gehen wir? Immer nach Hause." Im Hafen, wo gerade die Personenfähre aus Kumamoto festmacht, steht eine lange Reihe von Taxen.

Weiter nach Sakitsu im Süden von Shimoshima. Die Straße wird immer enger, die Landschaft immer urtümlicher, kleine Reisfelder, winzige Orangen-Plantagen, Gewächshäuser. Überall wachsen Bambus, Pflaumenbäume und Kiefern. Wegen ihrer Widerstandskraft selbst in den kältesten Monaten werden sie in Japan als „die besten Freunde des Winters" bezeichnet. In der taoistischen Lehre wurden Mönche angehalten, Kiefernnadeln, Zapfen und Harz zu essen, um so die unsterbliche Lebenskraft des Baumes zu erwerben.

Sakitsu ist ein Fischerdorf am Ende der japanischen Inselwelt. Es liegt an einem steilen Berghang in einem stillen Fjord und besteht aus einem Labyrinth zweistöckiger Holzhäuser mit tiefgezogenen Dächern, deren glasierte Pfannen im Sonnenlicht flimmern. Das einzige Café heißt *Nazareth*. Es hat geschlossen. Im einzigen Restaurant, das gerade Platz bietet für sechs Gäste, sitzen Herr und Frau Suzuki und schlürfen Nudelsuppe. Sie sind im Auto aus Kumamoto gekommen, um das Grab ihrer Eltern herzurichten. Frau Suzuki sagt: „Früher war Sakitsu berühmt für seine Perlenzucht, aber das lohnt sich nicht mehr. Es gibt

immer weniger Fische im Meer und immer weniger Fischer."
Eine Seebrise lässt die Stoffbahn in der Restauranttür flattern.
Frau Suzuki sagt: „Sakitsu hat zweitausend Einwohner, aber jedes
Jahr werden es weniger. Die Jungen suchen einen Job in den Städ-
ten, in Fukuoka, Nagasaki. Nur die Alten bleiben zurück."

Draußen brechen sich unsere Fußschritte in engen Gassen.
Bonsaibäume stehen in Hauseingängen, auf Balkons hängen die
Futons zum Lüften. Drei Katzen mit kupiertem Schwanz liegen
in der Sonne, vier Bauarbeiter begradigen das Betonfundament
für ein neues Haus, zwei Freizeitangler schweigen auf der langen
Mole der Fischereigenossenschaft. Der rollende Gemüsehändler
hat an der engen Hauptstraße seinen kleinen Lastwagen geparkt.
Aus Lautsprechern erklingt Marschmusik. Drei alte Frauen ver-
sorgen sich mit Rettich, Chinakohl und Sojabohnen. Sie tragen
Trainingshosen, Sweatshirt und Schürzen, die hinten zugebunden
werden. Alle haben Kopftücher auf.

Überragt wird Sakitsu vom Glockenturm der katholischen
Kirche. Das erste Gotteshaus war 1596 von Luis de Almeida
errichtet worden, bevor es im großen Aufstand zerstört wurde.
Seit der Meiji-Zeit wurde die Kirche dreimal wiederaufgebaut,
das letzte Mal 1934 im gotischen Stil. Im Eingangsbereich müssen
die Schuhe ausgezogen werden. Es gibt kein Gestühl. Der Fußboden ist mit *tatami* ausgelegt. Die Fenster sind mit gelben und
blauen Glasscheiben geschmückt. Im Seitenschiff zeigen naive
Gemälde die Stationen der Kreuzigung. An der Wand des Chors
hängt eine farbenfrohe Jesusstatue. Gottes Sohn ist nicht als Lei-
densfigur dargestellt, sondern stehend. Was nachvollziehbar ist
in einem Land, in dem nur Kriminelle gekreuzigt wurden. Zum
Altar führt ein dunkelroter Läufer. Er steht an jener Stelle, an der
die versteckten Christen – oder jene, die dafür gehalten wurden –

alljährlich durch das Zertrampeln einer Maria-Statue beweisen mussten, dass sie ihrem Irrglauben abgeschworen hatten.

Eine Broschüre berichtet in Japanisch und Englisch über zukünftige Träume. Der Besucher liest: Die katholische Bevölkerung beträgt nur tausend Seelen (Hondo: 150, Sakitsu: 330, Oe: 580). Aber man denkt nicht in Zahlen. Der Glaube, weitergereicht durch Zeiten voller Leiden, ist der Schlüssel zur Liebe Gottes und den Menschen, der Schlüssel zu Friede und Freude.

Der Priester ist auf Visite beim Bischof in Fukuoka. Stattdessen treffen wir Schwester Nelia. Sie ist 75 Jahre alt und hat ein winziges, faltenloses Gesicht. Sie ist Mitglied der Salesianerinnen. Ihre Eltern waren japanische Aussiedler. Geboren wurde sie in Brasilien. Als Kind kehrte sie nach Japan zurück. Wann ist sie in den Orden der Heimsuchung Mariens eingetreten? „Vor 30 oder 40 Jahren", sagt sie. Ihr Mutterhaus ist in Oe, vierzig Busminuten von Sakitsu entfernt. „Wir sind nur noch fünf Schwestern", erzählt sie. Schwester Nelia arbeitet im katholischen Kindergarten gleich neben der Kirche. Betreut werden 39 Kinder zwischen einem Jahr und sechs Jahren. Die meisten Eltern sind nicht getauft.

Ein steiler Weg mit hohen Stufen führt zum Hügel über dem Dorf. Am Hang stehen christliche Gräber, ein Shinto-Schrein, kleine Buddha-Figuren, moosbewachsen und fleckig vom Regen. Auf dem Plateau erhebt sich ein riesiges Holzkreuz, davor befindet sich ein kleines Amphitheater. Weit geht der Blick über tief eingeschnittene Fjorde, bewaldete Höhen, die vorgelagerten Inseln, das Meer. Sonnenstrahlen lassen das Wasser glitzern wie einen goldenen Spiegel. Es ist ein Bild aus Gottes Schöpfungsgeschichte.

http://bit.ly/nFqAoi

UNTER WILDEN UND BÄREN

In Japan liegt der Wilde Westen im hohen Norden.
Beobachtungen von einer Insel der Leere und Weite.

Hokkaido *(Nördliche See-Provinz)*

Das Ende der Japanischen Inselwelt besteht aus geschmacklosen Souvenirshops und lauten Nudelsuppenläden. Ein pyramidenartiges Steinmonument, dessen Form den Nordstern darstellen soll, symbolisiert den nördlichsten Punkt des Inselreichs: 45 Grad 30 Minuten nördlicher Breite. Es ist der gleiche Breitengrad wie die Krim, Mailand oder Portland/US-Bundesstaat Oregon. Auf einer Anhöhe erhebt sich ein viereckiger rot-weiß gestrichener Klotz, der Leuchtturm von Kap Soya, eingeweiht am 25. September 1885 und seitdem unermüdlich im Dienst.

Eine muntere Reisegruppe aus der Provinz, ältere Damen und Herren mit den gebeugten Rücken von Reisbauern, fotografiert sich gegenseitig. Hinter ihnen befindet sich die kalte Fremde: das Japanische Meer im Westen, das Ochotskische Meer im Osten. An klaren Tagen zeichnen sich im Norden die Umrisse der russischen Insel Sachalin ab. Sie liegt gerade 43 Kilometer entfernt. Möwen kreischen am blankgeputzten Himmel. Fischerboote kippen über den Rand des Horizonts. Spurlos verschwinden sie, und mit ihnen verschwindet unsere Welt.

Als die Erde noch eine Scheibe war und einen Anfang und ein Ende hatte, bevölkerten Kartographen die Plätze außerhalb ihres Wissens mit seltsamen Geschöpfen und schrieben: „Hier leben Drachen." In der japanischen Vorstellung war Hokkaido ein solcher Ort. Eine Insel fern der Zivilisation, bewohnt von haarigen Eingeborenen und riesigen Bären. Kurz waren die Sommer, lang und hart die Wintermonate. Noch bis Mitte des 19. Jahrhunderts gab es gerade drei dauerhafte Siedlungen: Matsumae, Esashi und Hakodate. Alle lagen im äußersten Südwesten der Insel, eine Tagesreise vom Hauptland Honshu entfernt.

Nur wenige Holzfäller und Händler wagten sich weiter in den unbekannten Norden. Mit den Ainu, den Ureinwohnern, wurde ein wenig Handel getrieben – Messer und Töpfe gegen Häute, Felle und Adlerfedern. Im Winter kehrten viele Japaner auf die Hauptinsel Honshu zurück. An ihrer Stelle kamen das Packeis und russische Robbenfänger von der Insel Sachalin. Die Männer jagten Seehunde und bekämpften ihr Heimweh mit langen, schwermütigen Messen in der orthodoxen Holzkirche von Hakodate.

In alten deutschen Nachschlagewerken kann man noch die Zahlengeschichten aus einer vergessenen Zeit nachlesen: „Hakodate, Seestadt auf der japan. Insel Jeso, in einer Bucht nördlich von der Tsungarustraße, mit (1884) 41 307 Einw., worunter 41 Europäer und 40 Chinesen; wurde durch den japanisch-amerikanischen Vertrag vom 31. März 1854 erst den Amerikanern, dann auch den übrigen seefahrenden Nationen geöffnet, doch waren 1883 nur drei Firmen (zwei englische, eine dänische) hier ansässig. Es liefen 1884 nur 15 fremde Schiffe mit 6054 Ton. ein, dagegen 1796 japanische von 305,059 T. und 3930 Dschonken von 110,040 T."

Die Insel hieß Ezo (oder Jeso im Deutschen) und lag für Japans Machthaber fernab aller strategischen Planungen. 1604 wurde Hokkaido als Lehen dem Feudalherren Matsumae Yoshihiro zugeschlagen, dessen Vorfahren die Insel erobert hatten. Zwar schickte das Shogunat Regierungsbeamte aus, um vor allem russische Jäger und Robbenfänger zu überwachen, die im Winter zur Jagd kamen. Alle Versuche jedoch, das Eiland zu besiedeln, waren in der Anfangszeit ein Misserfolg. Kein normaler Japaner hatte die Absicht, in den barbarischen Norden zu übersiedeln. Alles war besser, als das Unbekannte.

Bewohnt wurde das Eiland am Rand der Welt von *Ainu*, den Ureinwohnern. Ainu bedeutet Mensch. Ihre Wurzeln sind unklar, bestimmte Kulturmerkmale weisen jedoch auf Verbindungen mit Völkerschaften in Altrussland und nordeurasischen Jägerkulturen hin. Die Männer hatten lange Bärte. Sie trugen bunte Gewänder und auf dem Kopf einen Kranz aus Stroh. Zum Schnapstrinken benutzten sie Holztäfelchen, mit denen sie den Schnurrbart hochhoben. Sie waren Jäger, Fischer und Sammler. Ihre Schamanen kommunizierten mit den Bären, die sie als Gott gleiche Wesen verehrten. Frauen ließen sich über der Oberlippe eine Art Schnauzer tätowieren.

Erst 1869 schuf die japanische Regierung eine sogenannte „Kommission zur Kolonisierung". Ezo erhielt den Namen Hokkaido, „Nördliche See-Provinz". Es kamen amerikanische Kartographen und englische Bergwerkexperten und zaristische Architekten. Das Unbekannte wurde vermessen, registriert, ausgebeutet, die ersten Eisenbahnstrecken gelegt, Erz- und Kohlebergwerke entstanden. Im Jahre 1876 wurde in Sapporo die erste Brauerei gegründet. Der erste Deutsche, der nach Sapporo kam, soll ein Münchner Braumeister gewesen sein; der einheimische Ingenieur, der zur Gründung der ersten japanischen Brauerei berufen wurde, hatte bei der Bierfirma Tivoli in Berlin seine Ausbildung erfahren.

Neun französische Mönche errichteten 1896 in Kamiiso bei Hakodate das erste Trappistenkloster des Landes. Gegen Ende des 19. Jahrhunderts gab es in Sapporo eine katholische Kirche, eine russisch-orthodoxe Kirche und fünf protestantische Kirchen. Im Jahre 1907 kamen die Franziskaner nach Sapporo und gründeten im nördlichen Teil der Stadt ein Kloster als Stützpunkt für ihre schulische Tätigkeit; die franziskanische Äbtissin Guadeloupe eröffnete mit ihren sechs Ordensschwestern ein Krankenhaus namens *tenshi-in* (Engelshaus) mit 30 Betten.

Amerikanische Agrarberater führten die orangerote oder dunkelgrüne kleine Sorte des Riesenkürbis (Cucurbita maxima) ein, die wir heute als Hokkaido-Kürbis kennen.

Es war ein Jahrhundert der Entwicklungen und Entdeckungen. Aufregende Zeiten. Wer jetzt unterwegs war, entdeckte Dinge, die kaum einer vor ihm gesehen hatte.

Und wie sahen Japaner diese Insel fern ihrer gewohnten Vorstellungen? Als einer der wichtigsten Beobachter galt der Dichter und Naturalist Ishikawa Takuboku (1886–1912), ein weiteres Mitglied der japanischen Bruderschaft intellektueller Hungerkünstler: arm geboren, schnell gelebt und zu früh gestorben. Als ihn die große Sehnsucht übermannte, war er gerade 18 Jahre alt. Im Jahr 1904 brach er zum ersten Mal Richtung Norden auf. Er reiste nach Otaru, Sitz eines wichtigen Fischereihafens und damals die bevölkerungsreichste Stadt auf Hokkaido. Einer seiner Schwäger arbeitete hier als Bahnhofsvorsteher.

Die Sprache in seinem Essay „Der erste Blick auf Otaru" ähnelt verblüffend der eines deutschen Romantikers zur Zeit der Wandervogel-Bewegung: „Zahlreiche Abenteurer, deren Herzen mit der lebendigen Flamme ihres jugendlichen Lebens lodern, sind zu diesem Zeitpunkt in diese unerforschten Gebiete aufgebrochen, entweder körperlich oder spirituell, um mit ihren eigenen Mitteln für sich selbst eine neue Geschichte zu schreiben. Der Geist der Siedler und die neuen Grenzen schenken den Menschen eine unerwartete Macht. Ich habe nur deshalb die Straße von Tsugaru überquert, um die Luft der Freiheit zu atmen, die in diesem Land Hokkaido in solchem Überfluss vorhanden ist. Die Luft der Freiheit! Wenn ich eine solche Luft atmen kann, dann werde ich nicht das geringste bereuen. Selbst wenn ich wie ein Hund auf dem dürren Gras der Felder schlafen muss, der Himmel wird grenzenlos sein und blau. Ich habe vor, wie der Wind zu wandern, bis an die Grenze meiner Fähigkeiten. Ich werde das ganze Land erwandern."

Reichlich Pathos. Da loben wir uns die trockenen Zeilen einer der ersten Touristinnen auf Hokkaido. Isabella L. Bird, Tochter eines Pfarrers aus Yorkshire, kam im August 1878 auf die Insel, blieb einen Monat und legte in dieser Zeit eine Strecke von 550 Kilometer zurück. Ein Schreiben des Gouverneurs gewährte der englischen Lady Zugriff auf Pferde, Rikschas und Lastträger. Ihr Begleiter, Bediensteter und Übersetzer in Personalunion hieß Ito.

Isabella L. Bird, das L. stand für Lucy, liebte Hokkaido. Auch wenn das nicht in jedem ihrer Sätze ihres Buches „Unbetretene Pfade in Japan" zu erkennen ist. Über die meisten ihrer Reiseziele schrieb die damals 47-Jährige mit sehr spitzer Feder: „Mori ist ein großes, marodes Dorf, ein wilder, trostloser Platz mit einer Zahl verrufener Figuren." Briator? „Einen einsameren Platz kann man sich nicht vorstellen." Mombetsu? „Eine stürmisch gelegene erbärmliche Ansammlung von 27 brüchigen Häusern, einige von Ainus bewohnt, andere von Japanern. Der ganze Ort riecht nach Sake." Shiraoi? „Besteht aus einem alten Honjin (einer Herberge), wo in alter Zeit der Daimiyo mit seinem Gefolge zu wohnen pflegte und aus etwa elf japanischen Häusern, von denen die meisten Reisbierschenken sind, und daraus erklärt sich die Unsauberkeit des Ainodorfes, welches mit seinen 52 Häusern eine beträchtliche Strecke längs des Ufers einnimmt. Manche Häuser sahen wie Höhlen aus, und da es Regenwetter war, hockten der Mann, die Frau und fünf oder sechs nackte Kinder um das Feuer, alle mit ungekämmtem, weichselzopfähnlichem Haar."

Fasziniert war sie von den Ureinwohnern. Sie fand sie gleichermaßen bewundernswert und abstoßend. „Die religiösen Vorstellungen der Ainu sind im höchsten Grade unbestimmt und ohne Zusammenhang. Sie besitzen keine Tempel und haben weder Priester noch Opfer noch Gottesdienst." Ein solcher Lebensstil verwirrte die englische Lady zutiefst: „Was für ein befremdliches Dasein, nichts zu wissen, nichts zu erhoffen, wenig zu befürchten." Wildheit und Scharfsinn, entdeckte sie, waren nicht unvereinbar: „Benri ist für ein Ainu intelligent. Vor zwei Jahren kam Mr. Dening aus Hakodate zu ihm und erklärte ihm, dass es nur einen Gott gäbe, der uns alle erschaffen habe. Worauf der schlaue alte Mann antwortete: „Wenn der Gott, der dich erschaffen hat, auch uns erschaffen hat, wie kommt es, dass Du so anders bist – du bist so reich, wir sind so arm?"

Alles in allem beschenkten die Ainu Isabella Bird mit mehr Erinnerungen, als mit Geld aufzuwiegen war: „Sie sind insgesamt unzivilisiert und unverbesserliche Wilde, dennoch sind sie attraktiv und in manchen Dingen faszinierend, und ich hoffe, ich werde niemals die Musik ihrer tiefen, süßen Stimmen vergessen und die wundervolle Anmut ihres Lächelns."

Heute ist die Insel am Rande der japanischen Welt weniger ein geographischer Fixpunkt, sondern mehr eine Innenansicht. Hokkaido ist die Heimat von Adjektiven – fern, isoliert, fremd, einsam. Obwohl die Insel fast ein Viertel der Gesamtfläche Japans ausmacht, leben auf ihr nur knapp vier Prozent der Gesamtbevölkerung. Wer ankommt, lernt, dass vieles anders ist: Nirgendwo das Schachbrettmuster der Reisfelder, keine wuchernden hässlichen Stadtlandschaften, keine blühenden Kirschbäume, kaum Tempel und Schreine. Stattdessen einsame Bauernhäuser, deren Scheunen an amerikanische Farmen erinnern, weite Kartoffeläcker, Mais- und Haferfelder. Auf grünen Wiesen weiden schwarzweiß gefleckte Holsteiner. Birkenwälder ziehen sich über Berge und Hügel. Der Himmel ist leer und sehr weit.

Was den Besucher erwartet, ist eine Idylle aus Vulkanen und Kraterseen, aus unberührten Landschaften im Shikotsu-Toya-, Daisctsuzan- oder Shiretoko-Nationalpark, aus berühmten Badeorten wie Noboribetsu und pittoresken Fischerorten wie Abashiri am eisigen Ochotskischem Meer. Selbst in den Städten hat das Leben einen verzögerten Rhythmus, scheinen die Uhren langsamer zu gehen.

e-Book von Isabella L. Bird „Unbeaten Tracks in Japan ...":
http://bit.ly/WoVo4c
http://en.visit-hokkaido.jp

Die Reise nach Jerusalem

椅子取りゲーム

isu tori geemu (Spiel vom weggezogenen Stuhl)

Wenn Deutsche in Urlaub fahren, reservieren sie mit Handtüchern die Liegen am Hotelpool, stürzen sich beim Frühstücksbufett aufs die Körbe mit Vollkornbrot. Und was machen Japaner? Die gehen verloren. Was folgt, ist eine wahre Begebenheit. Das Stück spielt nicht in Jerusalem, sondern in London. Die Teilnehmer sind Mitglieder einer japanischen Reisegruppe, weshalb das Stück eigentlich die japanische Bezeichnung tragen müsste: *isu tori geemu* – Spiel vom weggezogenen Stuhl. Trotzdem, irgendwie alles wie gehabt: Die Musik spielt, die Musik stoppt, und wieder ist einer weg.

1. Aufzug: Flughafen Heathrow, 15.50 Uhr

Ankunft von zwölf Mitgliedern der Bäuerlichen Kooperative von Negiwa-Ost aus der Provinz Saitama, Hauptinsel Honshu. Nach einer endlos langen Pass- und Zollkontrolle wartet mit hochgereckter Fahne der Reiseleiter. Routiniert sammelt er die Pässe ein und gibt atemlos das Programm bekannt. Nur drei Tage London, da heißt es, sich sputen. Die Gruppe, ältere Damen und Herren um die 70 Jahre, hastet durch das ausgedehnte Flughafengebäude zum Reisebus. Unterwegs erspäht Herr Moriya einen Spezialitätenladen, der Original Englische Marmeladen und Konfitüren verkauft. Wunderbares Geschenk für meine daheimgebliebene Frau, denkt Herr Moriya. Im Bus zählt der Guide die Seinen. Einer fehlt. Herr Moriya hat zwei Dosen „Breakfast Orange Marmalde" und zwei Dosen „Scottish Strawberry Preserve" erworben. Jetzt irrt er durch den Flughafen. Herr Moriya hat den Namen des Hotels vergessen, er ist zum ersten Mal in seinem Leben im Ausland, er spricht kein Wort Englisch. Aus dem Lautsprecher ertönt: „The green, green grass of home ..." Im Bus überlegt der Führer seine Optionen: Warten? Die Polizei informieren? Selber suchen? Nach zwei Stunden murrt seine Gruppe immer lauter. Der Reiseleiter befiehlt dem Fahrer, das Hotel anzusteuern. Herr Moriya hat glücklichen Umständen zu Folge einen Taxistand erspäht. Er erinnert sich, in der vergangenen Woche im internationalen Teil seiner Lokalzeitung über den neuen Generalmanager des Hilton Hotels in London gelesen zu haben, einen Japaner! Erschöpft lässt er sich auf den Rücksitz eines Taxis fallen und bellt die einzigen Worte, die er in Englisch beherrscht: „Hill-ton, Hill-ton!"

2. Aufzug: Früher Morgen in London

1. Tag in London: Herr Shoshi ist um 5 Uhr aufgestanden. Er ist 75 Jahre alt und braucht wenig Schlaf. Leise, um seine schlafende Frau nicht zu wecken, hat er sich angezogen. Lautlos wie ein Schatten ist er aus dem Hotel geglitten. Nun schreitet er ziellos durch einen riesigen Park. Die Sonne scheint, die Kilometer vergehen wie im Flug. Zeit fürs Frühstück. Herr Shoshi versucht sich zu erinnern, wo sein Hotel liegt, wie es heißt, wie er wieder zurück kommt. In der Ferne spielt ein Dudelsack: „Amazing grace ..."

3. Aufzug: Frühstücksraum im Hotel

Während die Toastscheiben krümeln, versucht der Reiseleiter der Bäuerlichen Kooperative von Negiwa-Ost eine völlig aufgelöste Frau Shoshi zu trösten, deren Mann spurlos verschwunden ist und gleichzeitig das Tagesprogramm neu zu gestalten. Auf Grund technischer Probleme kann der Bus nicht eingesetzt werden. Also muss die Gruppe per U-Bahn zu Madame Tussauds Wachsfigurenkabinett. Kein Problem, denkt der Reiseleiter: Victoria Line bis Oxford, umsteigen in die Bakerloo Line und weiter bis Paddington. Bis Oxford verläuft alles nach Plan. Dort aber sind die Bahnsteige so brechend voll, dass Frau Yasui den Anschluss an ihre Gruppe verliert. Verwirrt schaut sie dem Zug nach, der ratternd in einer dunklen Röhre verschwindet. Über das Lautsprechersystem erklingt: „I never promised you a rose garden ..."

Vor Madame Tussauds Wachsfigurenkabinett bezeugt eine endlose Schlange die Internationalität schlechten Geschmacks. Eingereiht hat sich auch eine bedrückte Gruppe älterer Japaner, Mitglieder der Bäuerlichen Kooperative von Negiwa-Ost aus der Provinz Saitama. Nicht anwesend sind: Herr Moriya (gerade im Gespräch mit dem Generalmanager des Hilton Hotels), Herr Shoshi (auf einer Bank im Hyde Park sitzend, umgeben von zwei Mitgliedern der Freiwilligengruppe „Friends of Hyde Park"), Frau Yasui (im Untergrund von Oxford Station, wo sie glücklicherweise von einer Landsmännin erspäht wurde).

4. Aufzug: Japanische Botschaft in London

Es ist kurz vor 16 Uhr. Vor dem Gebäude der japanischen Botschaft, 101-104 Piccadilly, London W1J 7JT, stoppen in kurzen Abständen vier Taxen. Aus den Fahrzeugen entsteigen Herr Moriya, Herr Shoshi, begleitet von einem Mitglied der „Friends of Hyde Park", Frau Yasui mit ihrer neuen japanischen Bekannten, und der Reiseleiter mit einer aufgewühlten Frau Shoshi. Sechs Japaner verbeugen sich voreinander und murmeln ausdauernd *suimasen*, Entschuldigung.

5. Aufzug: Japan

Zurück in Negiwa-Ost in der Provinz Saitama, Honshu, werden die Reisenden gefragt, wie es denn in London war? Ihre Antwort lautet *unisono*: „Schön. Aber das Essen war furchtbar."

KYUDO, SUMO UND DER WEG DER KRIEGER

Wie der Verhaltens- und Ehrenkodex der Ritterkaste in das gesamte Leben der Japaner hinein wirkte.

bushido *(der Weg des Kriegers)*

Für Männer, deren vordringlichste Aufgabe darin besteht, andere Männer zu töten, sind die persönlichen Charaktereigenschaften, die an sie gestellt werden, überraschend hoch. Erwartet werden: Aufrichtigkeit, Mut, Güte, Höflichkeit, Wahrhaftigkeit, Ehre, Treue, Selbstbeherrschung, Opferbereitschaft. Alles das sind Tugenden, die man mit den *Samurai*, der japanischen Krieger- klasse, verbindet.

Das Wort Samurai leitet sich vom Begriff für „Dienen, Aufwar- ten" ab. Zum ersten Mal tritt dieser neue Idealtypus eines streit- baren Japaners in einer Zeit der Unruhen und Umstürze auf. Die Heian-Periode (794–1185) geht in die Geschichtsannalen als Epo- che der Familienfehden und Bürgerkriege ein. Hexenmeister, Wahrsager und Priester mit magischen Fähigkeiten haben mas- senhaften Zulauf. Endlose Machenschaften und chaotische

Landreformen bedrohen das Gemeinwesen. Kurzfristig wird die Hauptstadt Nara nach Nagaoka verlegt. Obwohl die Staatskasse leer ist, arbeiten 300 000 Menschen Tag und Nacht an der neuen Residenz des Kaisers. Nur Jahre später zieht das Kaiserhaus erneut um, wird an einem wenige Kilometer entfernten Platz die nächste Metropole errichtet: das heutige Kyoto.

Weil selbst die Hauptstadt nicht vor Banditen sicher ist, werden zum Schutz des Kaiserlichen Palastes erfahrene Kämpfer als Schwertträger und Wachen eingesetzt. Reiche Landbesitzer und Mitglieder des Adels gründen eigene bewaffnete Truppen. Das Schwert und die Schwertkunst werden zu den Symbolen Nippons.

Bereits im Alter von fünf bis sieben Jahren beginnt die Unterweisung in Bogenschießen, Fechten, Schwertkampf, waffenloser Selbstverteidigung. Harter Drill soll zur Körperbeherrschung und Schmerzunterdrückung führen. Konfuzianische Moralbegriffe prägen das Handeln. *Giri* (das eigene Ehrgefühl) und *chu* (unbedingte Loyalität gegenüber dem Herrn) sind von zentraler Bedeutung. Gebändigt werden soll das Streben nach persönlichem Genuss und Gewinn, der Hang zur Faulheit und Zügellosigkeit. Gelassenheit in höchster Not, auch im Triumph nicht frohlocken noch dem Kummer erliegen, das sind die Hauptziele des Verhaltenskodex.

Die Lehren des Zen-Buddhismus zeigen dem Samurai den Weg nach Innen, wo es weder Furcht vor dem Sterben gibt noch Hoffnung auf ein Leben danach. Die Grenzlinie zwischen Leben und Tod ist eine Illusion. Verdienstvolle Taten zählen nicht, weil Gut und Böse ihre kindliche Einfachheit verloren haben. Der Ehrgeiz eines wahren Samurai ist es, standhaft zu werden wie ein Fels. Wer diesen Punkt erreicht hat, sieht spöttisch seinem Ende entgegen. Über das Ende von Minamoto no Yoshitsune, berühmter

Feldherr und unvergessener Held der japanischen Geschichte, wird lapidar berichtet: „Er stieß sich das Schwert unterhalb der linken Brust in den Körper und trieb es so weit hinein, dass die Klinge fast aus seinem Rücken austrat."

Den Höhepunkt ihrer Macht erleben die Samurai während der Edo-Zeit (1603–1867). Während der Militärdiktatur der Tokugawa-Herrschaft bilden sie die Spitze einer rigiden Gesellschaftsordnung. Aufgabe der Bauern und Städter ist es, zum Vorteil der Kriegerklasse zu arbeiten. (Bauern wurden gern mit Sesamsamen verglichen, aus denen Öl gewonnen wird, denn „je stärker man drückt, umso mehr kann man herauspressen".) Samurai und Gemeine werden für verschiedene Verbrechen und nach verschiedenem Maß bestraft. Was für den Gemeinen als Verbrechen gilt, lautet beim Samurai „Übertretung". Es gilt als selbstverständlich, dass „Personen von niederem Rang, wie Städter und Bauern, falls sie beleidigender Rede oder unziemlichen Benehmens schuldig waren, jederzeit, so es sich nicht vermeiden lässt, niedergestochen wurden". Im Volksmund heißt das *kirisute gomen* (Erlaubnis niederzustechen und wegzugehen).

Als 1868 mit der Meiji-Restauration die Vorrechte und Grenzen der vier Stände (Krieger, Bauern, Handwerker, Kaufleute) abgeschafft werden, enden auch die Privilegien der Samurai. Rund 1,75 Millionen Krieger, fünf Prozent der damals 34 Millionen starken Gesamtbevölkerung, müssen ihre Haarschöpfe abschneiden und ihre zwei Schwerter ablegen.

Natürlich verschwindet damit nicht über Nacht das ethische Gerüst, das jahrhundertelang die Gesellschaft gestützt hat. Ende des 19. Jahrhunderts, also zu einer Zeit, da sich Japan in einem Schwebezustand zwischen Erneuerung und Beharrung befindet, erscheint ein Werk, das scheinbar nahtlos an die kriegerische

Vergangenheit anschließt. Es heißt „Bushido: Die Seele Japans".
Der Verfasser ist Inazo Nitobe (1862–1933), Agrarwissenschaftler,
weitgereister Gelehrter, später ein führender Vertreter im Völ-
kerbund.

Nitobe stammt aus einer angesehenen Samurai-Familie. Nach
Studien in Japan geht er nach Baltimore an die John-Hopkins-
Universität. Im Anschluss studiert er Landwirtschaft in Bonn,
Berlin und Halle. Bei einem Besuch in Philadelphia lernt er die
Tochter einer Quäkerfamilie kennen. Die beiden heiraten, Nitobe
bekehrt sich zu der christlichen Erweckungsgemeinschaft. Im
Jahre 1899 erholt er sich in Kalifornien von der Arbeitsüberlas-
tung in seiner Heimat. Unter dem ewig blauen Himmel eines fernen Landes beschreibt er in Englisch jenen über Jahrhunderte
entwickelten Verhaltens- und Ehrenkodex der japanischen Ritterkaste, der in das gesamte Leben des japanischen Volkes hinein
wirkt – Bushido, der Weg des Kriegers. „Es ist ein Kodex", so
Nitobe, „der wahrhafte Taten heiligspricht, ein Gesetz, das im
Herzen geschrieben steht. Bushido gründet sich nicht auf die
schöpferische Tätigkeit eines fähigen Gehirnes oder auf das Leben
einer berühmten Person. Es ist vielmehr das Produkt organischen
Wachsens in Jahrhunderten militärischer Entwicklung."

Heute werden die Samurai-Tugenden mal romantisch verklärt,
dann wieder heftig kritisiert. Was Außenstehende am japanischen
Leben bewundern oder verachten, in allem steckt Bushido: Mili-
tarismus und Kaiserkult, Aufstieg zu einer führenden Industrie-
nation und harmonisches Gemeinwesen.

Auf der Suche nach dem Gleichgewicht der Wahrheit
Gepflegt wird der Weg des Kriegers noch immer in den japanischen Kampfsportarten. Es gibt eine erhellende Geschichte, die

den Kontrast zwischen westlichem Leistungsverständnis und östlichem Charaktertraining symbolisiert. Auf einem Bogenschießplatz in Kyoto erbot sich ein amerikanischer Sportschütze, dem japanischen Gastgeber seine überlegene Treffsicherheit beizubringen. Der japanische Meister lehnte ab, schlug stattdessen vor, man solle doch aufeinander schießen, um so herauszufinden, wer der bessere Schütze sei. Diesmal verzichtete der geschockte Amerikaner.

Kyudo, der Weg des Bogens, gehörte zur Grundausbildung der Samurai. Bis zur Einführung von Feuerwaffen im 16. Jahrhundert war der Bogen die wirkungsvollste Distanzwaffe der Ritter. Er ist, je nach Größe des Schützen, etwa 2,20 Meter lang, besteht aus Bambus- oder Holzschichten. Sein Spannungspunkt liegt im unteren Drittel. Im Gegensatz zum westlichen Sportbogen besitzt er weder Zielvorrichtung noch eine Pfeilauflage. Die besondere Schusstechnik erfordert einen Schießhandschuh. Schützen, Männer und Frauen, tragen beim Übungsschießen die traditionelle Kleidung, bestehend aus *Hakama* (Hosenrock), *Keigoki* (Hemd), *Obi* (Gürtel) und *Tabi* (Schuhe). Frauen legen außerdem einen *Muneate* (Brustschutz) an. Köcher und Matopfeile für Schüsse auf eine Distanz von 28 Meter runden die Ausrüstung ab.

Alles unterliegt Riten und Regeln. Es gibt sechs Varianten, den Gürtel zu binden, nur eine korrekte Art für das Anlegen des Hosenrocks. Beim Abschießen des Pfeils ist nicht Muskelkraft entscheidend, sondern Bewegungskoordination. Wichtiger als die athletische Leistung, ist die ästhetische Darstellung. Verlangt wird ein hohes Maß an Disziplin, Aufmerksamkeit, Konzentration und innere Ruhe. Hassetsu, die acht Stufen des Schießens, sind ein genau vorgeschriebener Ablauf von Bewegungen und Handlungen: der Stand; das Stabilisieren des Körpers; das Vorbereiten des Bogens; das Heben des Bogens, das Öffnen des Bogens; der volle Auszug, das Lösen; der verbleibende Geist.

Kyudo-Meister sagen, eine korrekte Lösung des Schusses erscheint, wenn der Bogenschütze das Gleichgewicht in der Wahrheit findet. Im Reiki-Shagi, einem chinesischen Text zum Bogenschießen aus dem 2. Jahrhundert vor Christus, steht geschrieben: „Das Bogenschießen ist der Weg der vollkommenen Tugend. Im Schießen muss man Aufrichtigkeit in sich selbst suchen. Mit der Aufrichtigkeit des Selbst kann das Schießen verwirklicht werden."

Unter all den klassischen Kampfsportarten wie *Kyudo, Kendo* und *Judo,* ist *Sumo* die japanischste. Bereits vor 1500 Jahren wälzten sich bei Shinto-Festen Männer im Staub, um die Götter um eine gute Ernte zu bitten. Historisch bezeugt sind Kämpfe, die 642 am Hof von Kaiser Kogyoku zu Ehren einer koreanischen Gesandtschaft abgehalten wurden. Seit Anfang des 17. Jahrhunderts ist Sumo Nationalsport. Für viele Japaner gilt der urtümliche Ringkampf als das letzte Bollwerk gegen die stetige Verwestlichung ihres Landes: dicke Männer, den Göttern gleich, die sich in einem archaischen Ritual gegenüber hocken, um in einem kurzen, explosiven Ausbruch über Sieg und Niederlage zu entscheiden.

Die wilde Auseinandersetzung von einst ist längst bis ins kleinste Detail strukturiert und reglementiert. Jedes Jahr werden sechs große Turniere abgehalten. Es gibt sechs Ligen, die oberste, die Makuuchi-Division umfasst fünf Top-Ränge, in ihr kämpfen die 66 Besten ihrer Zunft. Ausgebildet werden die Kämpfer in Ringer-Ställen. Eine dieser Schulen liegt im Nordosten Tokios. Nicht weit vom Bahnhof von Uguisudani, um den sich preiswerte Liebes-Hotels ballen, befindet sich in einem unscheinbaren Gebäudekomplex der Musashigawa-Stall. Gegründet wurde er 1981 von Akihide Musashigawa. Unter dem Kampfnamen Mienoumi

Tsuyoshi erreichte er den höchsten Rang eines Sumokämpfers, dem eines *Yokozuna* (Großmeister).

In seiner Schule leben und trainieren zwei Dutzend Kämpfer. In der Regel beginnt die Ausbildung im Alter von 15 Jahren. Es herrscht ein Leben wie im Kloster. Die Jüngeren wohnen in Gemeinschaftszimmern und dienen den Ranghöheren. Sie putzen, kochen und waschen. Das Säubern der Toiletten gilt als persönlichkeitsstärkend. Trainiert wird täglich, sieben Tage die Woche, selbst bei Krankheit oder Verletzungen.

Sumo kennt 82 Würfe und Griffe. Gefragt sind nicht schiere Kraft, sondern Technik, Intelligenz und Stil. Das Training endet mit einer Kampfstunde, einer stöhnenden, schreienden und schwitzenden Auseinandersetzung nach dem Ausleseprinzip: Zwei betreten den Kreis des Übungsplatzes, der Sieger bleibt solange im Ring, bis er verliert. Der ewige Kreislauf von Siegen und Verlieren. „Wir trainieren unsere Kämpfer mental und spirituell, damit sie bessere Menschen werden", sagt Herr Musashimaru. Und auf dem gestampften Lehmfußboden prallen wieder zwei Körper zusammen.

Gegen 12 Uhr kommen alle zum Gemeinschaftsessen zusammen. Früher aßen sie riesige Mengen von Eintöpfen aus Gemüse und Huhn, ein Fleisch, das sie für glücksbringend hielten, weil Hühnerhände, ergo Flügel, nie den Boden berühren. Inzwischen kommt auch Schweinefleisch ins Gericht. Dazu gibt es reichlich Bier. Damit das kalorienreiche Essen seine volle Wirkung entfalten kann, wird nach dem Mittagessen geschlafen.

e-Book von „Budshido: The Soul of Japan":
http://www.gutenberg.org/ebooks/12096
http://www.welt-der-samurai.de
http://www.japan-guide.com/e/e2127.html

JENSEITS DER BERÜHRUNGSÄNGSTE

Wer selbst von der Scholle kommt, für den ist das japanische Dorf eine vertraute Landkarte.

wakare *(Abschied, Trennung)*

Japanische Städte blieben verwirrende Puzzlebilder, bei denen es mir höchstens gelang, Ausschnitte zu erkennen. Stadtbewohner bewegten sich am alltäglichen Abgrund des Irrsinns. Sie ruhten nicht in sich selbst, sondern mussten sich immer wieder neu bestätigen. Ihre sinnlose Faszination mit wechselnden Trends und Modeströmungen symbolisierte auf das Eindringlichste ihre Selbstzweifel. All das widersprach dem, wie ich groß geworden war. Solange ich in Tokio oder einer anderen Stadt leben sollte, würde ich immer *inakamo* bleiben.

Das Wort *inakamo* wird mit den Schriftzeichen Reisfeld-Haus-Mensch geschrieben; es bedeutet Dorfbewohner, kann aber auch die Geltung Bauerntölpel oder Hinterwäldler haben. Für mich, der in einem lippischen Flecken groß geworden ist, blieb das Dorf immer Teil meines Charakters. Das japanische Dorf entsprach einer vertrauten Landkarte, die ich ohne Schwierigkeiten lesen konnte. Auch für japanische Bauern gilt: Der Mittelpunkt seiner Welt ändert sich nie. Er liegt dort, wo sich sein Land befindet. Die Differenz zwischen dem, was man über eine Person weiß, und dem, was er an Geheimnissen mit sich trägt, ist auf dem Dorf gering. Wegen der Unsicherheit ihres Daseins, das bestimmt ist von der Unbeständigkeit des Wetters, haben Bauern ein tiefes Bedürfnis nach Zeremonien und Ritualen. Feste geben dem Jahr eine Struktur, sie sind das Bindemittel, das die Menschen zusammenhält. Bauern, egal wo sie leben, sind erdverbunden, naturverwachsen, konservativ; und überall stöhnen sie über zu niedrige Endverbraucherpreise.

Auf dem Land erkannte ich häufig intuitiv das ganze Bild. Unter japanischen Dorfbewohnern bewegte ich mich wie ein Fisch im Wasser. Sie zu treffen, mit ihnen zu sprechen, war ein leichtes Unterfangen.

Die rosa-rote Apfelkönigin

Apfelbäume sind eine relative Neuheit in Japan. Erst in der Meiji-Zeit Ende des 19. Jahrhunderts wurden die ersten Ableger aus den Vereinigten Staaten eingeführt. Inzwischen bilden im Norden und Nordwesten der Hauptinsel Honshu Obstplantagen eine wichtige Einnahmequelle. Sie sind ein Teil der Landschaft: Lange Reihen niedriger Bäume, gerade zwei, zweieinhalb Meter hoch, ziehen sich über sanfte Hügel, stehen in Senken oder an leicht ansteigenden Berghängen.

Frau Kudo sagt: „Es gibt 10 000 Apfelsorten auf der Welt. In Aomori haben wir 800 verschiedene Sorten." Frau Kudo ist eine jugendliche 60-Jährige mit einem runden, pausbäckigen Gesicht, roten Wangen und klaren Augen. Ihre Schürze würde eine Frau mit dem doppelten Umfang bedecken. In ihrem goldenen Ehering blitzt ein eingelassener Diamant. Ihre Plantage liegt eine knappe Autostunde südwestlich von Aomori City. Vor neunzig Jahren hat ihr verstorbener Vater die ersten Triebe angepflanzt. „Über 200 Bäume haben wir heute", sagt sie. „Insgesamt 18 verschiedene Sorten." Manche Namen klingen vertraut: Jonathan, Golden-Delicious, Red-Delicious, Red Gold, Golden Star, McIntosh. Eine Sorte heißt Tausend Herbste, eine andere trägt den Namen des römischen Imperators Nero. Wieder eine heißt Sekai-ichi; *Sekai* bedeutet im Japanischen „Welt", *ichi* steht für „Nummer 1". „Der größte Apfel der Welt", sagt Frau Kudo. „Die Früchte werden bis zu ein Kilo schwer."

Frau Kudo liebt Äpfel, und sie liebt ihr Leben. Dabei bedeutet das Leben einen immerwährenden Kampf, und wenn es gut ist, ist es harte Arbeit. Die Arbeit ist diese: Im Winter müssen die Stämme der Bäume mit Stroh umhüllt werden zum Schutz gegen die beißende Kälte. Fällt Schnee, werden die Äste geschüttelt, damit sie nicht splittern unter der schweren Last. Es gibt Winter, da schneit es tagelang. Die Apfelbaumblüte ist eine Explosion der Farben. Aus Blüten werden kleine Früchte, kleine Früchte zu größeren. Juni ist der Monat der langen, schweißtreibenden Tage. Drei Personen arbeiten von Sonnenaufgang bis Sonnenuntergang. Sie entfernen die schlechten Äpfel, wickeln die guten ein. Jeder einzelne Apfel erhält einen doppelten Schutzschild: ein weiches Wachspapier, darum eine Lage holzfreies Zeitungspapier. So bewahrt, wachsen die Früchte heran, Insekten können sie nicht erreichen, aber auch nicht Wind und Regen; Natur in einem Tresor.

Zwei Wochen vor der Ernte wird das Zeitungspapier entfernt. Stück für Stück werden die schattenspendenden Blätter um die

Äpfel gepflückt, auf dem Boden reflektierende Planen ausgelegt. Sieben Tage später wird auch das Wachspapier abgenommen. Ist der Himmel wolkenlos, die Sonne klar und kräftig, dauert es vier bis fünf Tage, bis die Äpfel die ideale Farbe haben. „Bei schlechtem Wetter zehn bis zwölf Tage", erklärt Frau Kudo. „Man muss aufpassen, dass die Äpfel keinen Sonnenbrand bekommen."

Es gibt Sorten, die großen, prächtigen, auf die werden Abziehbilder geklebt mit dem chinesischen Schriftzeichen für „Glück, Zufriedenheit und langes Leben"; entfernt man den Druck nach einigen Tagen, zeigt sich scharf und deutlich das verschlungene Ideogramm. In Tokio kosten solche Äpfel über zehn Euro pro Stück. „Japanische Bauern sind sehr clever", sagt Frau Kudo selbstbewusst.

Zum Schluss will der Besucher wissen, wie häufig die Apfelbäume gespritzt würden. Die Antwort kommt wie aus der Pistole geschossen: „Zwölfmal im Jahr."

Der japanische Cowboy

Ihre höchste Form fremdartiger Schönheit gewinnt die japanische Landschaft nach Regentagen. Wenn Wolken die Berge umhüllen und weiße Nebelschwaden durch die Täler ziehen, glaubt man, den kosmischen Atem zu spüren. An den Hängen ragen zackige Kiefern und Pinien aus dem Dunst hervor. Regentropfen, glänzend wie Quecksilber, fallen von langfaserigen Bambusblättern. Wer jetzt unterwegs ist, erlebt eine große innere Zufriedenheit – und lernt manchmal neue Geheimnisse kennen.

Bei Herrn Kokubo stehen 25 Holsteiner Kühe im Stall. Sein Bauernhof liegt an einem langgezogenen Hang. Er verbirgt sich hinter einem durchsichtigen Gazevorhang aus Nieselregen. Wohnhaus und Stallungen sind getrennt. Am Zufahrtsweg steht ein Holzschild, in das der Name des Gehöfts eingeschnitzt ist. Er lautet „El Dorado". Auf dem Stallboden nagelt der Senior gerade einen neuen Hausschrein zusammen.

Einer der Vorteile, Ausländer zu sein, besteht darin, auch unaufgefordert irgendwo aufzutauchen. Falls der japanische Begleiter allein zu Herrn Kokubo ginge, würde das bei dem eine Reihe komplizierter Gedankengänge auslösen: Was will der hier? Mich vielleicht übers Ohr hauen? Ist er ein Spion vom Finanzamt?

Bei dem fremden Besucher liegen die Dinge anders. Ausländer werden mit einer Nachsichtigkeit behandelt, die man Kindern gegenüber aufbringt; sie wissen nichts über Japan; sie befinden sich im Stand der geistigen Unschuld. Wer kann schon einen Einfältigen für seine Taten verantwortlich machen?

Trotzdem scheint Herr Kokubo verwirrt zu sein, als wir seinen Hof betreten. Höflich stellen wir uns vor. Herr Kokubo sagt, er heiße Kokubo. Er nimmt seine Baseballkappe ab und kratzt sich die Kopfhaut.

Der ausländische Besucher erklärt: „Mein Großvater besaß eine Landwirtschaft. Allerdings hatte er nur vier Kühe."

„Ah, so desu ka?", murmelt Herr Kokubo und betrachtet den Fremden anerkennend; dass ist einer wie er, *inakamon*.

„Als Landwirt hat man es heutzutage sehr schwer", klagt Herr Kokubo. Er hat sich auf Milchwirtschaft spezialisiert. Seine Kühe geben pro Tag 200 Liter. Ein Tankwagen der Molkerei holt täglich die Milch ab. Herr Kokubo bekommt umgerechnet 88 Cent für den Liter. „Manchmal habe ich Probleme mit den Nachbarn. Sie beschweren sich über den Gestank. Passiert Ihnen das in Deutschland auch?"

Ja, erklärt der Besucher. Aber Schweinescheiße würde viel übler riechen.

„So desu", sagt Kokubo und nickt heftig mit dem Kopf.

Woher der ungewöhnliche Name seines Bauernhofs komme?

Herr Kokubo zeigt kräftige Zähne. Er habe alle Filme mit John Wayne gesehen, El Dorado mindestens ein Dutzend Mal. „Was für ein Mann", schwärmt er.

Seine Holsteiner Kühe kommen aus den Staaten. Sie stehen in einer langen Reihe im Stall. Die Boxen sind durch Holzbohlen getrennt. Der Stall ist an der Längsseite offen, damit die Luft zirkulieren kann. Die Kühe tragen Nummern, keine Namen.

Nummern seien unpersönlich, erklärt der Gast, bei seinem Großvater hätten die Kühe richtige Namen besessen, auf die sie gehört hätten.

„Ah, so desu ka. Und was für Namen?"

Der Besucher denkt an seine Kindheit, und aus dem Nebel der Vergangenheit tauchen die Erinnerungen auf, klar und rein: „Liese, Lotte, Schecke, Docke, Laura, Meta ..."

Herr Kokubo schreibt sich die Namen auf. Ob wir nicht zum Mittagessen dableiben wollen.

„Danke, danke. Aber wir haben noch einen weiten Weg zu gehen."

Herr Kokubo nimmt seine Baseballkappe ab, verbeugt sich tief und sagt mit großer Herzlichkeit: „Sayonara."